VIOLENCES AYANT ENTRAÎNÉ LA MORT SANS INTENTION DE LA DONNER

DANS LA MÊME COLLECTION

Sandrine Soimaud, *Tu*, 2011.
Cyrille Martinez, *Deux Jeunes Artistes au chômage*, 2011.
Laurence Werner David, *Le Roman de Thomas Lilienstein*, 2011.
Martin Belskis, *Dans le square*, 2012.
Jean-Bernard Véron, *Idiane*, 2012.
Aurélia Bonnal, *The Queen is dead*, 2012.
Laurence Werner David, *À la surface de l'été*, 2013.
Marc Molk, *La Disparition du monde réel*, 2013.
Anne Luthaud, *Les Épinards crus*, 2013.
Nicolas Clément, *Sauf les fleurs*, 2013.
Gaëlle Héaulme, *Les Petits Contretemps*, 2013.
Cathie Barreau, *Comment fait-on l'amour pendant la guerre ?*, 2014.
Cyrille Martinez, *Musique rapide et lente*, 2014.
Isabelle Zribi, *Quand je meurs, achète-toi un régime de bananes*, 2014.
Marie-Aimée Lebreton, *Cent sept ans*, 2014.
Antoinette Rychner, *Le Prix*, 2015.
Ingrid Thobois, *Le Plancher de Jeannot*, 2015.
Sylvie Weil, *Selfies*, 2015.
Pierre Deram, *Djibouti*, 2015.
Colombe Boncenne, *Comme neige*, 2016.
Jérémie Lefebvre, *Avril*, 2016.
Cédric Duroux, *Les Animaux sentimentaux*, 2016.
Laurent Sagalovitsch, *Vera Kaplan*, 2016.
Laurence Werner David, *À mes yeux*, 2017.
Sébastien Ménestrier, *Le Suivant*, 2017.
Frédéric Arnoux, *Cowboy light*, 2017.
Claire Gondor, *Le Cœur à l'aiguille*, 2017.

Étienne Deslaumes

VIOLENCES AYANT ENTRAÎNÉ LA MORT SANS INTENTION DE LA DONNER

QUI VIVE

BUCHET • CHASTEL

ISBN : 978-2-283-03096-7
ISSN : 2110-0713

« Les violences ayant entraîné la mort sans intention de la donner sont punies de quinze ans de réclusion criminelle. »

Article 222-7 du Code pénal

ARMANDE

Il y a beaucoup de films, et paraît-il de bouquins, où l'on voit les morts intervenir alors que l'histoire est censée être réaliste. Je me souviens notamment d'un film avec Nicole Kidman à ses débuts. Elle était morte ; enfin, son personnage. Eh bien, elle racontait sa petite histoire, face caméra, comme si c'était absolument naturel ! J'avais trouvé ça complètement grotesque. Et pourtant…

Et pourtant. Quand on est vivant, déjà, la vie après la mort, on n'y croit pas tout à fait. Sauf quand on a vraiment la foi, sans doute, mais cela n'était pas mon cas : je me suis mariée à l'église car il ne m'était pas venu à l'idée de faire autrement, et mes filles ont été baptisées pour ce type de non-raison. Jusque dans les années 1980, c'était toujours ainsi. Et je me suis mariée avec Christophe en 1985 – à vingt ans, en plus, un âge où on fait les choses sans réfléchir, y compris convoler. Même si on décide de se forcer un peu à croire à une vie après la mort, histoire de ne pas trop désespérer (parce que, bon, on a beau affirmer que ce n'est pas vrai, c'est désespérant de ne pas envisager un au-delà), on imagine toujours que cet au-delà est très différent.

Ou plutôt on se dit que, cet au-delà ne pouvant qu'être très différent, nous ne pouvons nous-même qu'être très différent de ce que nous avons été, par symétrie. Si on a perdu son conjoint et que l'on s'est remarié, c'est forcément compliqué si on ressuscite tel qu'on était ; comme il n'y a plus de carrière, de sexe, de cinéma, de vacances, on s'emmerde forcément si on fonctionne à l'identique. Et puisqu'on ne veut évidemment pas admettre que ce qui nous attend soit une nouvelle galère, bien pire que la première en plus, puisqu'elle n'a pas de fin, on pense qu'on sera autre, mais en restant malgré tout la même personne, enfin presque… Bref, le schéma ne tient pas la route si on y réfléchit. Mais on n'y réfléchit jamais vraiment, en fait. Tant qu'on est vivant. La vérité, c'est qu'on ne change pas : on n'est pas meilleur ; on n'est ni plus ni moins angoissé.

Parmi les points qui ne sont jamais abordés dans les films ou les livres qui font parler les défunts, il y a la question de savoir de quelle façon ils voient les vivants. D'en haut, avec une longue-vue, tels les dieux de l'Olympe ? Sur une sorte d'écran ? Tous ensemble, de façon panoramique ? Ou bien un par un, au choix, en appuyant sur le bouton d'un clavier ? Je ne répondrai pas à cette question – ni à plein d'autres du même ordre, même si, désormais, j'ai toutes les réponses. Les morts voient les vivants, ça, c'est sûr. Comment ? Vous le saurez le moment venu. Et vous serez surpris parce que c'est tout simple, banal, en réalité. Eh oui ! c'est ça qui est… tragique. Mais ce n'est pas mon propos.

Je vais vous parler de moi lorsque j'étais encore parmi vous.

AVANT LA CÉRÉMONIE

PATRICIA

Quand ai-je cessé d'être coquette ? À la naissance de Renaud, il y a neuf ans, en 2005 ? Après le drame, en 2006 ? Ou bien cela s'est-il produit graduellement ? Autrefois, je me serais interrogée sur mon apparence, même un jour comme celui-ci : comment vais-je m'habiller pour l'enterrement d'Armande ? Tailleur ou bien robe ? Chignon ou cheveux libres ? Non pas que je fusse insensible (si je le suis devenue, c'est après), mais ces détails me paraissaient avoir du sens. Aujourd'hui, j'ai sorti sans hésiter de la penderie ma robe anthracite. Je ne me soucie pas davantage de mon confort ; cette robe est trop chaude pour juillet, y compris en Île-de-France par temps maussade.

C'est incroyable ce que l'on peut changer. Jusqu'à ma dernière grossesse, j'étais coiffée un peu comme Catherine Deneuve jeune : cheveux décolorés et longs. Peu avant la naissance de Renaud, à quarante-quatre ans, je les ai coupés, et je suis passée à un blond moins uniforme. Ce n'était pas une abdication. C'était encore de la coquetterie. Deux à trois ans plus tard, je les ai laissés repousser jusqu'aux épaules. Là, ce n'était plus de la coquetterie. Émilien le souhaitait.

Les enfants aussi. Pas Renaud, évidemment : mes grands, Aubin et Margaux. Mais je l'ai surtout fait parce que je ne voulais plus aller régulièrement chez le coiffeur entretenir ma coupe. Les cheveux mi-longs, que l'on peut attacher, et quelques mèches de temps en temps, c'est très bien. Au même moment, ou peut-être un peu plus tard, j'ai cessé de m'habiller, sauf pour les grandes occasions. Le reste du temps : un jean, un pantalon de toile, un pull, un chemisier… Fini les ensembles couture et les talons vertigineux. Émilien m'a bien fait une remarque de temps en temps, mais il n'a pas insisté. Je fais le nécessaire lorsqu'il y a un dîner pour les clients de Desforges-de Graaf, la société d'Émilien et de Christophe, parce que, dans la com, il est encore important de s'habiller. Et cela suffit.

S'il n'y avait que pour les fringues que je ne fais plus d'effort… Hélas ! ce n'est pas le cas. Tiens ! il y a aussi la conversation. Émilien conduit. Nous sommes partis de chez nous, rue de Commaille, pour Joinville-le-Pont, où a lieu l'enterrement. Je ne décroche pas un mot. Émilien non plus d'ailleurs. La radio en sourdine nous dispense de feindre un échange.

Je n'ai que cinquante-trois ans. Est-ce qu'il va y avoir un changement ? Est-ce que je dois le décider ? Ou bien est-ce que cela va se poursuivre jusqu'à la fin : des choses qui ne m'intéressent plus, d'autres que je ne fais plus, parfois les mêmes, pas toujours, et rien qui prend le relais ?

Je suis triste, et le plus grave c'est que je m'en fous.

ÉMILIEN

Mes mains sur le volant et mon esprit qui vagabonde.

Armande s'est-elle suicidée ?

Si elle l'a fait, est-ce à cause de Christophe, c'est-à-dire, indirectement, à cause de moi ?

Elle a eu droit à son entrefilet dans *Nice-Matin*, rubrique « faits divers ». Renversée par une voiture en traversant l'avenue Gambetta. C'était en plein trafic. La conductrice n'a pas pu l'éviter. Armande a donné l'impression de se jeter sous les roues. Si ce n'était pas fortuit, on devrait plutôt parler de négligence suicidaire, d'acte manqué, car il existe autant de probabilités de survivre que d'y passer en s'y prenant de cette façon. Mais cela semble impossible, ou presque, qu'il s'agisse d'un simple accident. Pourtant, je n'imagine pas Armande mettre fin à ses jours. Si elle avait dû le faire, elle l'aurait fait avant ; du temps où elle était mariée à Christophe, mon ami, mon associé. Du temps où elle était malheureuse avec lui, où nous passions presque toutes nos vacances ensemble, sa famille et la mienne, dans leur chalet de Courchevel, dans notre maison de Carrouges-les-Agaves dans le Var, ou encore à l'île Maurice, les derniers hivers. Car elle était malheureuse. Elle me l'a dit lorsqu'elle a quitté Christophe, au moment de la naissance de Renaud. Depuis, je crois qu'elle a eu la vie qu'elle voulait. Elle était libre. Elle avait une bonne pension, le chalet, ses filles. Elle s'est installée à Nice, sans doute pour prendre un nouveau départ avec son copain. Ça n'a pas marché avec lui, d'accord, mais se suicide-t-on pour ce genre de motif ? Je suis très bien placé pour savoir que non. Je ne l'ai pas revue depuis le divorce, si ce n'est lors du mariage de ses filles et de l'enterrement de son père – au cours desquels nous n'avons échangé que très peu de mots. Christophe lui-même n'avait plus beaucoup de nouvelles maintenant que Blanche et Lucie ne vivent plus avec leur mère.

Mais faut-il une raison pour vouloir en finir ? Peut-il ne s'agir que d'une absence de raison de vivre ?

Armande n'était pas blindée, comme je l'avais cru longtemps. Son cynisme, ses multiples relations extraconjugales, c'est parce qu'elle avait été blessée. Au lieu de se révolter, de bifurquer, elle avait dévissé. Elle avait renoncé à ce qu'elle avait souhaité, et s'était consolée à sa manière.

Mais était-ce vraiment le cas ?

Je l'avais décrété car c'était commode. C'était reposant d'imaginer ça – déculpabilisant, surtout.

En fait, peut-être qu'elle agonisait. Une interminable agonie dont Christophe et moi-même aurions donné le coup d'envoi, il y a plus de vingt-cinq ans.

MARGAUX

Je n'arrive pas à admettre qu'Armande soit morte, même si je suis dans ma Smart pour aller à son enterrement. OK, elle était jeune, mais pas si jeune que ça. Cinquante ans, ou presque. C'est jeune pour mourir, mais, sérieux, ce n'est pas jeune tout court ! Si j'ai du mal à le croire, c'est parce qu'elle était tellement vivante. À Carrouges, quand on était petits, c'est elle qui organisait les chasses au trésor, qui jouait avec nous au water-polo. Avec ma mère, avec mon père ou Christophe, ce n'était jamais le bon moment. Soit il faisait trop chaud, soit on allait passer à table, soit ils étaient occupés. Armande était la seule à être dispo H24. C'était bien souvent elle qui nous accompagnait au tennis ou au cheval. Elle était toujours cool, toujours de bonne humeur, beaucoup plus gaie que moi aujourd'hui, à vingt-trois ans, déjà plombée, je trouve. Elle ne se la racontait pas, style « vous, les enfants, vous ne pouvez pas comprendre, vous verrez plus tard, on en reparlera », etc. Souvent nous autres, la famille de Graaf, on arrivait à Carrouges avant les Desforges, et même à Courchevel, alors que c'est chez eux. Quand ils arrivaient à leur tour, c'était tout de suite la fête. Le débrief avec Blanche et Lucie, et avec Armande qui voulait toujours savoir si on avait un amoureux. Il y avait aussi le look d'Armande. Elle avait les cheveux courts, elle mettait du gel, portait des Converse ; comme nous. Mais, lorsqu'elle le décidait, elle pouvait faire sa dame comme maman, avec des robes et tout ça. Et elle était belle. C'était un peu mon idéal, à l'époque ! Ces dernières années, je l'ai très peu vue. Elle venait de temps en temps voir maman, dans la journée, lorsqu'elle passait à Paris, et je l'ai croisée une fois ou deux lorsque j'étais encore étudiante. Elle avait changé : vêtements flottants, tresse de cheveux gris. Elle était toujours jolie, mais elle était passée de l'autre côté.

Je me dis qu'Armande n'a pas eu de vie. Et ça craint, puisqu'il est trop tard, maintenant. Heureusement qu'elle s'est mariée et qu'elle a eu des gosses, parce qu'elle n'a eu que ça (*on the other hand*, s'il en avait été autrement, elle aurait vécu pour elle-même, donc vraiment vécu). Car c'était quoi, la *vie* d'Armande ? Au moins, maman a travaillé quelques années. Elle était hôtesse de l'air avant de rencontrer papa. Armande ? Rien ! *Nothing ! Nada !* Elle a dû faire un an de fac en je ne sais quoi, puis elle a tout laissé tomber pour se marier avec Christophe. Quand il a monté son agence de com avec papa, elle et maman ont accompagné leurs mecs : dîners, cocktails, etc., à faire de la figuration dans de jolies vêtements. Ensuite, pendant que maman s'occupait de Carrouges, elle s'est occupée de Courch'. Elles échangeaient leurs tuyaux : tel tapissier pour le salon, tel traiteur pour la communion de l'un d'entre nous. Bref, du vide en boîte. Mais du vide qui donnait une impression de contenu. En tout cas, j'espère pour elles. Alors, quand Armande a décidé de divorcer, à trente-huit ou trente-neuf ans, je n'ai jamais trop compris pourquoi, la question a dû se poser pour elle de remplacer ce vide qui, malgré tout, remplissait ce qui lui servait d'existence. Le remplacer par quoi ? Les amis, c'était ceux du couple ; et les loisirs aussi. Le sport, ce n'était pas vraiment sa came, sauf pour flirter avec les profs ; et flirter à quarante ans, ça fait désordre. Je ne l'ai jamais vue avec un bouquin ou un journal. Son mec, genre gigolo, elle ne l'a pas gardé. Je ne sais pas à quoi elle pouvait passer ses journées, lorsque Blanche et Lucie sont remontées à Paris, pas très longtemps après qu'elle s'était installée à Nice. Elle a dû sacrément se faire chier.

La vie d'Armande, c'est le contraire de celle que je veux avoir. C'était une vie pour les autres, mais sans les autres. Lorsque maman m'a appelée pour me prévenir, j'ai senti qu'elle se demandait si Armande s'était suicidée. Je la comprends : sérieux ! se jeter comme ça sous les roues d'une voiture !

Mais qu'est-ce qu'on en a à foutre ? Ce qui compte, ce n'est pas pourquoi et comment on meurt, mais pourquoi et comment on vit.

ÉMILIEN

Est-ce que je connaissais Armande ?

Oui, je le sais bien, ce sont des lieux communs : on ne connaît jamais l'autre, on ne se connaît jamais vraiment soi-même. Mais dans tous les lieux communs il y a du vrai, beaucoup de vrai.

On finit par connaître plus ou moins la personne avec qui on vit. Et même cette connaissance-là reste malgré tout relative : avec les années, on perd en vigilance, on écoute moins, on regarde moins, sans compter que la personne en question peut changer, s'éloigner, se murer. C'est ce qui s'est produit avec Patricia. C'est embêtant : peut-on affirmer que l'on aime quelqu'un que l'on ne connaît pas, ou plus assez bien ? Mais j'en reviens à Armande.

Armande était une amie. La femme d'un ami, au départ. Dans ce cas, on prend presque toujours le parti de considérer que l'amitié s'étend au conjoint, par capillarité en quelque sorte. Cela n'est vrai que dans la mesure où l'on s'en persuade ; les sentiments ne sont pas de l'encre, ni les êtres des buvards. Mais à force de vouloir se convaincre d'une chose, elle finit par exister. C'est un peu ce qui s'est passé avec Armande. Je suis certain que je ne serais pas devenu ami avec elle directement. Mais j'étais tellement lié à Christophe, nous passions tellement de temps en vacances tous ensemble que je l'ai intégrée à mon univers affectif, de la même façon que l'on finit par y intégrer les membres de sa famille avec lesquels, pourtant, on n'a parfois rien en commun.

Si Armande était une amie au sens que l'on donne généralement à ce mot, c'est-à-dire une personne que l'on rencontre régulièrement, pour qui on éprouve de la sympathie et avec qui on passe des bons moments, cela ne signifie pas que je la connaissais. L'amitié, au sens que l'on devrait lui donner, au sens de Montaigne et de La Boétie, suppose pourtant que l'on se connaisse mutuellement. Sinon, c'est de l'écume, voire une illusion. Néanmoins, les gens qui sont prétendument amis, qui sont persuadés qu'ils le sont, se connaissent rarement bien. S'ils ne font que partager des moments conviviaux, sorties, dîners, ils ne voient les uns des autres que la partie émergée de l'iceberg, la partie sociale, souriante. L'autre partie, plus sombre, avec de l'égoïsme chez l'un, de l'irritabilité chez l'autre, restera plus ou moins inconnue. C'est un peu moins vrai lorsque l'on passe des vacances ensemble car il y a toujours le matin où l'on se lève de mauvaise humeur, le jour où un gosse vous insupporte, mais, dans les grandes lignes, cela reste à peu près pareil. En outre, dans les circonstances sociales, on ne se voit quasiment jamais seul à seul; on est presque toujours entre couples. On ne parle pas de soi. Les émotions de chacun ne sont pas le sujet. On va parler des enfants, du boulot, de l'appartement que l'on fait repeindre, de ces cons de cheminots qui sont encore en grève. On part repus. On est content d'avoir de bons amis. Foutaises ! On a simplement passé un moment à parler de tout et de rien, un verre de vin à la main, avec des gens que l'on a déjà vus, que l'on reverra sans doute, et cela nous suffit pour dire que l'on est amis avec eux.

Au sens le plus exigeant, le plus pointu, de la notion d'amitié, je n'ai guère qu'un ami véritable : Christophe. Certes, ce n'est pas seulement un ami. Mais c'en est un. Parce que je l'aime, mais aussi, d'abord, parce que je le connais bien. Je n'ai pas envoyé des sentiments sur un support neutre, comme un peintre envoie de la peinture au pistolet sur un mur, pour décréter ensuite que j'aimais ce support. Je ne peux pas dire pour autant que j'ai d'abord analysé le support, comme un ingénieur froidement professionnel, pour y projeter ensuite des sentiments. Les deux se sont faits ensemble. Si je connais Christophe, c'est parce que nous nous sommes beaucoup vus seuls, au boulot, en dehors du boulot, et que nous nous sommes toujours confiés l'un à l'autre. Pas sur tout, c'est vrai, mais sur presque tout. Rien de cet ordre avec Armande.

Pendant longtemps, Armande était surtout la femme de Christophe. Lorsque nous étions à Carrouges ou à Courchevel, elle avait des apartés avec Patricia. Elles se sont toujours bien entendues, sans se ressembler. Avec moi, elle n'en avait pas, si l'on excepte les échanges que nous pouvions avoir sur la température de l'eau de la piscine, le couvert mis ou pas mis, le lave-vaisselle plein ou vide. Je pensais lui être indifférent, ce que j'ai su plus tard être faux. De mon côté, si j'appréciais sa gaieté, son humour grinçant, je lui en voulais un peu de tromper Christophe. Ce sujet faisait partie de ceux que lui et moi n'avons jamais abordés. Il ne pouvait pas ne pas en souffrir. Plutôt que de creuser la question, je trouvais plus facile de tenir Armande pour quantité négligeable, voire de la mépriser un peu.

La première fois où un élément personnel, je pourrais même dire privé, dont les autres étaient absolument exclus, est intervenu entre Armande et moi, c'était à Carrouges, au club de tennis. Nous avions joué tous les quatre avec notre prof, un jeune type, Laurent, ou Louis, un prénom classique. Nous prenions un verre au club-house. Il faisait grand beau. Je me souviens que les femmes étaient en robe d'été. Patricia en bleu, Armande en rose. C'était un de ces moments où l'on se dit : je suis heureux. En fait, on ne l'est pas. On choisit simplement de l'oublier un instant parce que les circonstances s'y prêtent et que, si l'on ne se disait pas cela une fois de temps en temps, on mourrait, sans doute. On parlait des travaux d'agrandissement que les Desforges voulaient faire dans leur chalet. Christophe redoutait un recours des voisins, des grincheux, recours qui n'a d'ailleurs pas eu lieu. À un moment, Armande s'est excusée et elle est sortie de la pièce. Nous l'avons tous suivie du regard. Elle était bronzée, gracieuse, très jolie. Jolie comme une femme peut l'être à l'approche de la trentaine. Un quart d'heure plus tard, elle n'était pas revenue. Nous devions revenir à la maison pour le déjeuner ; les enfants étaient petits et, cette année-là, nous les faisions garder par une jeune fille qui ne s'occupait pas des repas. Je me suis proposé d'aller chercher Armande. J'ai suivi le couloir qu'elle avait pris. À un moment, ce couloir se partage en deux. Une partie, que je n'avais jamais empruntée, continue tout droit, et l'autre forme un coude en direction des toilettes, où je pensais qu'Armande était allée, même si tout ce temps là-dedans, quand même… La porte des toilettes des femmes était entrouverte. À l'intérieur, pas de lumière. Je suis revenu sur mes pas et, arrivé au coude, j'ai pris l'autre embranchement. Au fond, une autre porte avec, dessus, une inscription que je n'ai pas regardée. Je l'ai poussée. C'était un vestiaire. Celui des profs, je suppose. Et là, contre un mur, Armande, qui embrassait à pleine bouche le Laurent, ou Louis, peu importe. Il ne m'a pas vu. Elle, si. Elle ne s'est pas arrêtée pour autant. Je suis revenu au salon et j'ai dit que je ne l'avais pas trouvée. Cinq bonnes minutes plus tard au moins, elle est arrivée. « Bon, on y va ? » a-t-elle dit en prenant son sac. Elle n'a donné aucune explication. Personne ne lui en a demandé. Je trouvais qu'elle s'en tirait à bon compte. En lui tenant la portière lorsqu'elle est montée dans la voiture, j'ai cherché son regard. Il a soutenu le mien avec défi. Il m'a semblé qu'elle souriait imperceptiblement. Elle ne m'a rien dit, mais son message implicite n'en était pas moins dépourvu d'équivoque : « Je t'emmerde ! » Cet été-là, je trompais encore Patricia avec Sylvie, mais Armande ne pouvait pas le savoir, puisque Christophe lui-même l'ignorait.

À compter de cet épisode, Armande a pris chair. Je savais déjà qu'elle n'était pas fidèle, mais je ne faisais que le déduire de différentes circonstances discrètes. Jusque-là, il n'y avait pas eu de preuve formelle. C'est sans doute pour cela que j'ai commencé à m'interroger : pourquoi ? Je savais que la réponse à ce genre de question en contient le plus souvent plusieurs, ce qui la rend particulièrement difficile à trouver. En devenant intéressante, Armande cessait d'être une simple figurante pour devenir un véritable sujet. Je n'en ai jamais parlé avec elle, mais chacun de nous deux savait ce que savait l'autre. Si paradoxal que cela puisse paraître, ce qui aurait pu nous éloigner nous a rapprochés car un secret partagé fait lien. À cela s'est sans doute ajouté le fait qu'Armande se doutait que je n'avais rien révélé de la scène dont j'avais été le témoin.

Ce n'est que plus de dix ans plus tard qu'Armande et moi avons fait un autre pas l'un vers l'autre, décisif, celui-là. Mais c'était aussi le dernier.

CATHERINE

C'était il y a six jours.

La journée s'annonçait bien. Une belle journée de juillet. Le grand beau temps de la Côte d'Azur. Soleil aussi dans ma tête. Marine avait décroché le bac avec mention, Antoine était admis à HEC. Moi toujours pas recasée certes, mais les plaies désormais cicatrisées. Tout allait bien. J'étais au volant de ma Land Rover, pour aller déjeuner chez ma copine Yolande.

Aujourd'hui, je me demande : pourquoi avoir pris la voiture ? On habite Nice toutes les deux, j'aurais pu prendre le bus, ou même y aller à pied, avec ce temps-là. J'avais d'ailleurs failli le faire. En plus, l'itinéraire que j'avais choisi n'était pas vraiment le plus logique.

Avant : moi dans ma voiture, heureuse, toutes fenêtres ouvertes, un vieux CD de Julien Clerc à fond, dégustant déjà par la pensée le pastis et les olives qui m'attendaient à la table de mon amie, à l'ombre du parasol bleu, sur sa terrasse plantée de citronniers et de lauriers-roses.

Après : moi sur l'avenue, sortie de ma voiture, hagarde, puis, au commissariat, des cris, des mots : « morte », « plus rien à faire »…

Entre les deux : le choc. J'ai mis cinq ou six secondes à comprendre. Dans un premier temps, comme je n'avais rien vu venir, j'ai cru à un incident sans importance, ou pas très grave. Ce n'était pas sur un passage piéton. J'ai cru que l'on avait jeté sur ma voiture un mannequin de vitrine, même si avec le recul, ça paraît absolument invraisemblable. Lorsque je me suis arrêtée, j'ai d'abord craint pour la Land Rover qui était toute neuve. J'ai ouvert la portière, et j'ai commencé à réaliser.

À peu près au même moment, j'ai entendu les exclamations, vu l'attroupement qui se formait et, à quelques mètres, du sang, et le corps. Celui d'une femme en blanc, jupe longue, cheveux poivre et sel en chignon. On m'a empêchée de m'en approcher, mais j'ai presque immédiatement eu l'intuition qu'elle était morte, en dépit de mon allure modérée au volant, car elle était inanimée et, de toute évidence, très mal tombée. D'abord, je suis restée interdite. J'ai encore raisonné, et plutôt bien, pendant une minute peut-être. Je me suis souvenue de ce reportage à la télé, sur des gens qui avaient tué par accident et la façon dont ils vivaient après. Je me suis dit, presque froidement : « Voilà, il y avait ta vie avant. Maintenant, plus rien ne sera jamais pareil. » Et puis, l'émotion. Mes larmes, mes cris se mêlant à ceux des gens attroupés. Les pompiers ont presque tout de suite été là, les flics aussi ; en tout cas, ça m'a paru très rapide. Il me semble qu'avant qu'ils soient sur place on savait déjà qu'elle était morte. Dès lors, je n'avais plus aucun recul, aucune réflexion. Je prenais les infos comme elles venaient, instant par instant.

À aucun moment je n'ai senti de l'agressivité à mon égard. J'ai entendu « vous n'y êtes pour rien », sans bien savoir qui parlait. Les flics ont été très sympas, même avant l'alcootest. Les témoins avaient dit que je roulais à cinquante et que personne n'aurait pu éviter l'accident.

Plus tard, au commissariat, on m'a expliqué que si, en droit strict, on n'était pas en présence d'une « faute inexcusable de la victime », je n'avais cependant rien à me reprocher.

Quand je suis rentrée chez moi, j'ai passé deux heures à téléphoner. Lorsque je n'avais pas les gens en direct, je laissais un message et on me rappelait dans la foulée. Les enfants, leur père, mes parents, Yolande, etc. Toujours de l'empathie. Les mêmes mots, ou presque. Sur le coup, cela m'a soulagée. J'ai pensé que ce serait peut-être moins difficile que je ne l'avais d'abord imaginé. Je me trompais. Le soir, je me suis effondrée. Je suis anéantie, malgré les appels et les e-mails bienveillants, malgré les visites. Demain, je vois le médecin. Heureusement que je ne travaille plus. Je serais incapable d'être productive.

Je ne pense plus qu'à tout ça, et aujourd'hui plus intensément encore, puisque c'est le jour de l'enterrement, en région parisienne, là où cette femme, Armande, a son caveau de famille. J'ai fait envoyer des fleurs blanches.

Le lendemain de l'accident, j'ai pu parler au mari; ou plutôt à l'ex-mari. Les flics m'avaient donné son numéro. Il a été gentil, comme les autres. Il était séparé d'elle depuis longtemps, dix ou douze ans. Il savait que je n'avais commis aucune imprudence. Il m'a un peu parlé d'elle. J'en avais besoin et lui aussi. Elle avait quarante-neuf ans et s'était installée à Nice après leur divorce. Elle n'avait jamais travaillé. Personne ne comprend comment elle a pu se tuer aussi bêtement. On n'ose pas croire que c'était volontaire car elle semblait heureuse : elle était gaie. Elle a deux filles adultes, toutes deux mariées et mères de famille, à qui j'ai écrit un mot.

Je n'y suis pour rien, soit. Puisque tout le monde le dit.

Mais je fais quoi, maintenant ?

Je continue à arroser mes jardinières, à aller au ciné, à dîner chez les amis ?

Ou je me jette moi aussi sous une voiture ?

AUBIN

Ma sœur, qui habite dans le cinquième, aurait pu venir me chercher au train et m'accompagner à Joinville. En plus, c'était cohérent puisque je suis arrivé gare de Lyon une heure avant l'enterrement. Mais non, elle m'a expliqué qu'elle devait faire ceci et cela, passer par ici et par là, et qu'elle avait peur d'être à la bourre si elle faisait le crochet par la gare de Lyon. Du coup, me voici dans le RER à regarder défiler les stations. Est-ce qu'elle est purement et simplement égoïste ou est-ce que nous nous sommes perdus l'un l'autre et que rien ne va plus tout à fait de soi entre nous, auquel cas je suis moi aussi responsable ? Ce qui est certain, selon moi, c'est qu'on n'a plus grand-chose à voir l'un avec l'autre. Pourtant, les parents nous ont élevés pareil.

Enfin, quand je dis ça, c'est vite dit, malgré tout. On a été élevés pareil parce qu'on est allés dans les mêmes établissements scolaires tous les deux, qu'on a passé les vacances à Courchevel et à Carrouges tous les deux, bref qu'on a vécu plus ou moins de la même manière pendant une vingtaine d'années et que nous n'avons pas été sujets à de véritables différences de traitement. Tout ça, c'est vrai. Mais si on y regarde de plus près, avec une loupe, et sans parano, on s'aperçoit que Margaux et moi, pour les parents, pour papa surtout, ce n'était pas comparable. À première vue, le seul point commun que j'ai avec papa, c'est qu'on aime bien les fringues. Pas les mêmes évidemment, puisqu'il a cinquante-six ans et moi… trente de moins ! Pour tout le reste… Il a fait Sciences Po, il a monté sa boîte de com, gagné plein d'argent, acheté un bel appartement à Paris, une résidence secondaire. Il n'est pas prétentieux, ni maman d'ailleurs, mais je suppose qu'ils sont contents de tout cela, qu'ils ont le sentiment d'avoir réussi. Les parents auraient été fiers que je marche sur leurs pas, ou à peu près, et ils auraient été rassurés surtout.

Très jeune, Margaux était déjà rassurante. Toujours dans les premiers, ne faisant jamais de vagues et, cerise sur le gâteau, pianiste, sportive, avec plein d'amis. Moi, je l'étais moins. Timide, inhibé, bien souvent seul avec mes crayons et mes pinceaux, petite crevette effrayée par les autres et aussi par le sport. Les parents se sont inquiétés. Ils m'ont un peu brusqué. Et vas-y qu'on t'inscrit au judo, qu'on te fait partir en colo, etc. Comme je n'étais pas entreprenant, on me forçait à faire ce que je ne voulais pas, le plus souvent sans succès. Margaux recueillait des lauriers et moi des haussements d'épaules, voire des reproches. Pas en continu, non, mais enfin. On n'était pas en présence d'une inégalité de traitement, car cela suppose que deux personnes identiques ne soient pas logées à la même enseigne ; or ma sœur et moi sommes dissemblables. N'empêche, j'avais un peu le sentiment d'échouer, peut-être me sentais-je moins aimé. Je dis « peut-être » parce qu'un enfant hésite toujours à penser cela. Plus tard, Margaux a suivi le même chemin : après Sciences Po (comme son papa), elle a fait un master II en finances à Dauphine, et intégré le LCL. Apparemment, sa carrière démarre très bien. Elle bosse sur les marchés. Il ne faut pas me demander ce qu'elle fait exactement. Je sais, je devrais m'y intéresser plus : c'est ma sœur.

Et moi ? Je ne suis pas devenu plus rassurant à l'âge adulte. Mes études – ou plutôt mes non-études : quand je suis entré aux Beaux-Arts, le moins que l'on puisse dire, c'est que je n'ai pas été encouragé. L'inquiétude, toujours, pour les parents. La crainte que plus tard je ne gagne pas ma vie, ou pas assez bien, que je sois précarisé. Avec le recul, je les comprends. En plus, j'étais bon en dessin, je m'intéressais aux arts, mais rien d'exceptionnel. La goutte d'eau qui a failli faire déborder le vase, c'est quand j'ai tout arrêté en deuxième année pour partir à Grasse. Heureusement que c'était pour y bosser. Mais que se passerait-il si ce boulot ne marchait pas, ou si je voulais en changer, sans formation ? Là encore, je peux comprendre. J'ai pris des risques, c'est sûr. Je les assume. Je suis heureux de les avoir pris.

Si je me suis éloigné de Margaux, je me suis aussi éloigné des parents. Je leur téléphone plus souvent qu'à ma sœur, une fois par semaine, à peu près. Mais on n'est plus sur le même court. Je ne suis plus à Paris, je ne suis pas cadre… Les gens que je fréquente, ils ne les connaissent pas. Je pense qu'ils sont déçus, et plus seulement inquiets. Peut-être sont-ils aussi un peu mortifiés que j'aie préféré écouter Éloi, un ami d'ami, plutôt qu'eux. C'est grâce à Éloi, ou, selon mes parents, *à cause* d'Éloi, que je me retrouve à Grasse, à travailler avec lui dans l'entreprise de sa famille, la parfumerie

Viguier. Pour mes parents, ce n'est pas très glorieux. Même si j'essaie de valoriser mes attributions, si je parle du changement d'enseigne qui est mon œuvre, des nouveaux papiers pour les paquets-cadeaux, dont j'ai fait les dessins, ils savent bien, et je ne le cache d'ailleurs pas, que dans une petite boîte tout le monde est un peu polyvalent. Forcément, je fais aussi du rangement, du classement et de la manutention. Personne n'a jamais fait ça dans ma famille. Mais ça me plaît.

Je ne cours pas, dans ce domaine, après ce que je n'ai pas encore, comme Margaux le fera sans doute toute sa vie, et comme papa l'a toujours fait avant elle : on va conquérir un nouveau marché, puis on va recruter, puis on va ouvrir un bureau secondaire. Manque d'ambition ? Pour eux, sans doute. Pas pour moi. Mes ambitions sont ailleurs.

PÉTRUS

Je ne le vois pas. Je ne l'entends pas. Je sais qu'il est loin de moi.

ARMANDE

En fait, l'empathie, ça n'existe pas vraiment. Regardez tous ces gens qui vont à mon enterrement. Ils sont tristes d'accord, mais surtout parce que cet événement les ramène aux grandes questions : pourquoi et pour qui vit-on? Du coup, ils réfléchissent à leur vie, et cela éveille ou réveille toutes sortes d'émotions, jusque-là engourdies par le quotidien, mais qui ont trait à eux-mêmes. C'est généralement ainsi que ça se passe quand on perd quelqu'un. Cette perte sert de catalyseur et, en réalité, on pleure sur soi. Sauf lorsque le défunt est une personne vraiment très proche, qu'on adorait. En ce qui me concerne, c'est le cas pour Blanche et Lucie. Elles me pleurent véritablement; et, si elles pensent à elles, c'est à travers moi.

Dans la vie en général, on pense d'abord à soi et, bien souvent, beaucoup trop à soi. Moi la première. J'étais toujours en jeu, et en première ligne. L'autre, si proche soit-il, était toujours un peu un instrument. L'instrument de mon bonheur – ou de mon malheur.

Christophe a été ma seule histoire d'amour, parce que celles que j'ai eues après lui, c'était... plus hygiénique

que sentimental. Où en étais-je lorsque je l'ai rencontré ? J'étais inscrite en première année de BTS. Avant ça, j'avais toujours été plutôt mauvaise à l'école, au grand dam de mon père, énarque, un temps adjoint au maire de notre bonne ville de Joinville, et de ma mère, professeure agrégée de lettres (parents auxquels je dois mon vocabulaire d'intellectuelle qui peut faire illusion quelques instants, voire plus avec un interlocuteur qui n'écoute pas, et on en rencontre des tas…). J'ai depuis longtemps cessé de me chercher des excuses : je ne suis pas devenue mauvaise à la suite d'un événement particulier, comme Patricia avec sa méningite ; je l'ai toujours été parce que je suis paresseuse. Si je ne suis pas obligée de faire un travail difficile, je m'en abstiens. Eh oui ! j'ose le dire ! J'ai d'autant moins de mal à l'avouer que j'ai, par ailleurs, des qualités. Je ne me suis jamais sentie coupable de ne pas être parfaite. D'ailleurs, avec l'expérience de la vie, j'ai trouvé chez les autres des défauts tellement plus sournois, tellement plus nocifs… J'ai tout de même décroché le bac (un bac G, le bac pour les nuls, en ce temps-là) et je me suis inscrite en BTS action commerciale parce qu'il fallait bien s'inscrire quelque part. J'ai continué à buller, mais pas bien longtemps, puisque j'ai rencontré Christophe à la terrasse d'un café. Il était beau avec ses boucles rousses. On pourrait croire qu'une fille de dix-huit ans qui rencontre l'homme de sa vie, en tout cas en apparence, s'oublie totalement et ne vise que le bonheur de l'autre. En ce qui me concerne, rien de tel ! Je me rappelle très bien que ce qui me grisait, c'était le bonheur que Christophe me procurait, et celui que j'attendais de mon avenir avec lui. Quand il m'a demandé de l'épouser, j'étais déjà un peu moins amoureuse (et pourtant, il s'est très rapidement décidé). Il est devenu le bras armé de ma paresse : puisque je me mariais avec un homme qui avait une bonne situation dans une banque, qui parlait déjà, à vingt-cinq ans, de monter sa boîte, je n'avais plus besoin de finir mes études ni de travailler. Ouf! Le raisonnement (ce n'était pas vraiment un raisonnement, c'était à demi conscient, à ce moment-là) était un peu osé, parce qu'un peu démodé. Mais bon, personne n'y a trop trouvé à redire; pas même mes parents, plutôt flattés que leur fille connaisse une fin bourgeoise. Lorsque mon bonheur escompté avec Christophe m'a été arraché, ce qui fut aussi très vite fait, j'ai détesté mon mari parce qu'il me rendait malheureuse. Ensuite, il était un pis-aller : l'instrument de mon confort. Bref, ce qui me guidait, dans mon rapport à lui, dans le bon comme dans le mauvais, c'était toujours moi, re-moi et encore moi. Ce que lui pouvait ressentir? Bof… je n'y pensais que très rarement.

Que l'amour (celui vécu dans la relation amoureuse) soit un phénomène narcissique, une vue de l'esprit, une construction absolument artificielle, je ne suis pas la première à le dire. C'est tellement évident. Mais allons plus loin. Abordons un tabou : les enfants. Quand on est mère, on est censée aimer ses enfants de façon inconditionnelle, désintéressée. On ne peut pas être égocentrique dans cet exercice. C'est ce qu'on nous chante. Sauf que c'est faux. Faux pour moi, mais pas seulement pour moi : je ne suis pas un monstre – seulement quelqu'un qui est capable de voir, de vivre et de dire les choses telles qu'elles sont, et non telles qu'on nous dit qu'elles sont, ou encore telles que l'on voudrait qu'elles soient. J'aime Blanche et Lucie. Mais cet amour n'est pas absolument pur. Il s'adresse en grande partie à moi-même.

J'ai eu mes filles très jeune : Blanche à vingt et un ans, puis Lucie à vingt-trois. Avant même qu'elles existent à l'état d'embryon, alors que ma maternité n'était qu'une projection, je voyais celle-ci comme utile. Elle allait me donner un statut, car épouse au foyer sans gosses, ça ne tenait pas la route. J'aurais voulu des enfants même si j'avais travaillé, mais là il m'en fallait. Une fois nées, elles sont devenues l'argument du statut que j'avais choisi. Ensuite, j'ai été bien contente de les avoir, toutes mignonnes, avec leurs robes à smocks de chez Bonpoint. Dans mon amour pour elles entrait une part de reconnaissance ; la reconnaissance du ventre, en quelque sorte.

Je ne sais pas si je suis claire. Ce que je veux dire, c'est qu'il y a une raison souterraine à nos attachements les plus nobles, ou à nos détachements les plus excusables, et que cette raison est presque toujours personnelle, égoïste. Mais on ne veut pas l'admettre, pour pouvoir se dire qu'on est quelqu'un de bien.

Désormais, je mesure combien c'est dérisoire.

ÉMILIEN

Nous arrivons à l'église. J'avais l'itinéraire en tête, pas besoin du GPS, car j'y suis allé plusieurs fois : pour le mariage de Christophe, la communion et le mariage de ses filles, et, un peu plus récemment, l'enterrement du père d'Armande.

La mort nous ramène à Dieu. Comme beaucoup de gens, je crois en Dieu sans y croire tout à fait – d'une manière générale. Mais, lorsque la mort frappe, ma foi timide se réveille. Est-ce une forme d'opportunisme, un réflexe thérapeutique ? Sans doute, mais pas seulement, à mon avis. Je ressens que Dieu nous fait un signe dans ces moments-là, et qu'on le reçoit mais en pointillé, de façon très discrète, tellement discrète qu'on oublie après qu'on l'a reçu et que l'on revient à la case départ, celle du pari de Pascal.

Armande, mon amie, pardon ! Entends-moi ! Écoute-moi !

Lorsque j'ai vu Patrick sur son lit d'hôpital, au mois de janvier, si maigre, si fragile, je l'ai trouvé christique. Dieu était là, cette fois encore. J'ai pensé que Patrick allait vers Lui. En dépit de ses péchés qui n'en étaient pas vraiment.

J'ai prié pour qu'Il le sauve, en sachant qu'il était trop tard. Lorsque Patrick est mort, j'ai prié pour qu'Il l'accueille, et je me souviens d'avoir vraiment pensé qu'Il l'avait fait et d'en avoir été reconnaissant.

ARMANDE

En fait, vivant ou mort, ce qui nous manque, c'est le courage.

Il nous faut des excuses, des béquilles. On ne veut pas se donner la force de faire face et de construire seul.

CHRISTOPHE

Les filles m'ont dispensé de venir à Nice pour la mise en bière. Elles ne voulaient pas que je voie leur mère morte. Je ne le souhaitais pas non plus.

Je suis devant l'église où on se bouscule déjà un peu car il n'y a pas de parvis. J'ai embrassé des gens que je n'avais pas vus depuis dix, vingt ou trente ans. Je vais en embrasser d'autres avant la cérémonie et après. Ils sont gênés. Ils ne savent pas à quel niveau de compassion ils doivent se situer, s'il y a matière à condoléances. C'est plus facile avec Blanche et Lucie parce que c'est clair : Armande était leur mère et il suffit de les voir pour comprendre qu'elles sont en grande souffrance. Moi, je ne suis pas le veuf, je ne suis que l'ex-mari.

Je ne sais pas si j'aimais encore Armande. Si tel est le cas, ce n'était plus guère conscient, et certainement pas l'explication au fait que je n'ai pas refait ma vie. C'est difficile de savoir si on a cessé d'aimer quelqu'un et, si oui, quand cela s'est produit. Pourtant, on se souvient toujours du début d'un amour. Ce n'est pas logique. Il devrait y avoir une correspondance, une symétrie, telle celle entre le printemps et l'automne.

L'automne (au sens propre) de ma rencontre avec Armande (qui était, au sens figuré, notre printemps) est imprimé dans mon cerveau. Un automne très lumineux. Avec des lumières de printemps, justement. Et Armande à la terrasse du Flore, seule, avec son café. Pas de livre ni de magazine : elle ne faisait pas semblant d'être occupée. Elle regardait les gens – et elle m'a regardé. Moi, j'ai fait semblant : semblant de ne pas la voir, lorsque je me suis assis à la table d'à côté.

PATRICIA

Nous venons de passer devant l'église et nous cherchons à nous garer. Nous avons aperçu Christophe. Il y avait déjà du monde, mais personne ne lui parlait. Émilien a dit : « Le pauvre ! » Je n'ai pas répondu. Je ne sais plus dire de banalités. Surtout, je n'ai plus envie. Je l'ai tellement fait lorsque j'étais jeune. Aux dîners d'amis, qui étaient en fait le plus souvent des dîners avec des relations professionnelles de Desforges-de Graaf, j'étais la cloche qui était là pour la déco, mais qui devait donner l'illusion de s'intéresser : « Ah bon, les loyers ont augmenté tant que ça dans tel quartier ? C'est vrai que, tant du mètre carré, cela représente un budget… » À la sortie des classes, je parlais de nouveau pour ne rien dire : « Il y a encore des poux ! On n'en sortira pas ! » (Sans ajouter « ma bonne dame » puisque je suis censée être une bourgeoise, mais le cœur y était.) Quand Émilien rentrait du bureau, je récidivais : « Tu as l'air fatigué. Tu devrais rentrer plus tôt. » Certes, j'aurais pu bouquiner davantage, m'intéresser. Émilien m'a souvent reproché de ne pas le faire. J'ai essayé, pourtant. Mais je me sentais nulle, entourée de tous ces gens qui avaient fait plus d'études que moi, qui avaient des responsabilités. Je n'avais pas non plus l'humour d'Armande. Je restais celle qui répétait, en moins bien, ce que le dernier avait dit. Alors j'ai jeté l'éponge. Je me suis cantonnée au rôle dans lequel j'étais la moins mauvaise, dans lequel je pouvais même faire de l'ombre à d'autres : celui de la jolie-femme-charmante-et-gentille-qui-s'habille-si-bien. Maintenant, je n'ai plus envie de cultiver ce maigre terrain. Donc je ne réponds pas à Émilien : « C'est vrai que c'est triste », ainsi que je l'aurais fait autrefois.

D'ailleurs, est-ce si triste que cela pour Christophe ? Évidemment, Émilien le pense. On a souvent tendance à croire que les gens qu'on aime souffrent, afin d'avoir une bonne raison de les consoler. Or Émilien et Christophe s'adorent. Pendant longtemps, cela m'a blessée. Je les entendais parler de leurs affaires, mais aussi d'actualité, de bouquins, et rire ensemble. Je me disais qu'Émilien n'avait pas cela avec moi. Qu'avait-il d'autre ? Une certaine forme d'intimité, et encore… Je n'ai jamais été brillante dans le domaine sexuel non plus. Dès le début de notre mariage, nos rapports étaient épisodiques. Ils se sont encore raréfiés après la naissance des grands, puis ont quasiment cessé après celle de Renaud. Je sais que c'est fréquent, mais dans ce cas il faut un ingrédient pour prendre le relais, la complicité par exemple. Une forme d'amitié. J'ai lu autrefois dans un magazine que ce qui faisait durer les couples, ce n'était pas le week-end surprise à Rome ou le bouquet de fleurs à tout moment, mais l'amitié. L'amitié, un élément de l'amour ? Cela semble bizarre, mais c'est vrai, je crois. Or, si je n'ai pas été au top comme amante de mon mari, je ne l'ai pas été non plus comme amie. Dans ce domaine, Christophe est bien meilleur.

Lors de nos dernières vacances à Maurice, au bord de la piscine du Bellerive, Armande m'avait dit qu'elle se demandait si nos maris n'avaient pas eu une aventure homosexuelle. J'avais trouvé cela ridicule. Maintenant, je regarde Émilien à la dérobée et je me dis que cela n'est pas impossible. Si l'amitié est une composante de l'amour, pourquoi pas l'inverse ?

Enfin, est-ce que Christophe est triste ? Je sais bien que c'est Armande qui l'a quitté. À l'époque, il était malheureux, c'est sûr. Mais aujourd'hui ? C'était il y a longtemps. À l'époque, j'aimais Émilien, et j'aurais été désespérée de le perdre. Aujourd'hui, je ne sais pas. Pourtant je vis toujours avec lui. Alors…

Je dis cela, mais, si Émilien mourait, je me rendrais compte que je l'aime toujours. Peut-être. Peut-être pas.

AUBIN

J'ai vingt-six ans, ce qui est plutôt jeune, mais il me semble que j'ai déjà acquis une certaine philosophie de la vie, et peut-être même (c'est présomptueux, je l'avoue) du bonheur. Maintenant, je suis heureux. Je n'aurais pas dit cela il y a quelques années, lorsque je vivais encore chez mes parents. Je n'avais pas encore réfléchi, pas suffisamment. Je ne m'étais pas construit.

Je suis seul, je veux dire célibataire. Souvent, les gens se contentent de cela pour se considérer malheureux. En fait, voilà : ils ont l'air de ne pas vouloir être heureux et même de vouloir ne pas l'être. Comme il faut bien une raison au moins, on en trouve une, voire plusieurs. C'est le cœur, c'est le boulot, c'est l'argent, etc. On trouve forcément.

Je ne sais plus qui a dit que le bonheur dépend surtout de l'idée qu'on s'en fait. J'observe qu'autour de moi, et, sans doute, dans la vie en général, les autres s'en font une image trop précise, trop complète et trop exigeante. D'ailleurs, ça ne se fait pas vraiment de demander à quelqu'un : « Es-tu heureux ? » On a l'impression que c'est incongru, voire indélicat, comme si cela supposait nécessairement une réponse négative et donc embarrassante. On demande : « Comment vas-tu ? », ce qui n'est pas du même ordre, car c'est une formule de pure politesse, semblable au « *how do you do ?* » des Anglais, à laquelle il est convenu de répondre : « Très bien et toi ? », et surtout rien d'autre car, dans le cas contraire, c'est celui qui répond qui serait un indélicat. Si, malgré tout ça, on demande à quelqu'un s'il est heureux, il va botter en touche, et on va entendre que le bonheur n'existe pas, sauf par instants, et toutes ces conneries.

Pendant longtemps, si j'ai cru qu'en effet le bonheur n'existait pas, c'est parce que je ne l'observais pas autour de moi.

Mes parents déjà. C'est vrai, ils ont maintenant une raison d'être malheureux. Une raison objective. Je n'ai pas envie de m'y référer car j'aurais très bien pu, moi aussi, me saisir de cet épisode et en tirer argument pour ne plus profiter de la vie. D'abord parce que j'en ai souffert également, et terriblement, puisque j'étais directement concerné. Indirectement aussi. Je n'avais que dix-sept ans. J'avais besoin de mes parents. Cesse-t-on un jour d'en avoir besoin, d'ailleurs ? Je n'en suis pas trop sûr. Mais à cet âge-là, on en a vraiment besoin. L'âge des possibles est le plus angoissant. Je le pense, bien que les éléments de comparaison me fassent encore un peu défaut au moment où je me trouve, qui n'est pas si éloigné que ça de celui dont je parle. À dix-sept ans, on se demande si on va avoir la vie que l'on veut, être aimé, avoir un boulot correct. On n'est sûr de rien. *Je* n'étais sûr de rien. J'aurais voulu être rassuré, épaulé. Je ne l'étais pas. Je l'étais matériellement : cours particuliers, séjours linguistiques. Mais je n'étais pas… comment dire… rasséréné. Au moment du bac, notamment. J'avais si peur de ne pas l'avoir. J'aurais aimé que mes parents me disent : « Fais au mieux. Si tu le rates, tu le repasseras. Ce n'est pas grave. » Mais on ne m'a pas du tout dit cela. Je revois encore la tête de mon père lorsque j'ai raté mon dernier bac blanc. Je ne me souviens plus du tout de ce qu'il m'a dit, mais c'était très bref. L'idée, c'était que j'allais leur faire le plaisir de ne pas leur donner, en plus de tout ce qu'ils avaient traversé, le tourment d'échouer à cet examen – qu'ils n'avaient pas besoin de cela.

C'est vrai, ils n'avaient pas besoin de cela. Mais avant, avant que le ciel ne leur tombe sur la tête, étaient-ils heureux ? Non, pas vraiment, je ne le crois pas. J'ai toujours vu maman triste, souvent avec les larmes aux yeux. Sa relation avec papa ? Sans doute, mais peut-être pas seulement. Dans son couple, au-delà de son couple, la solitude, certainement. Celle de beaucoup de mères de famille, de mondaines, qui sont entourées, mais seules, ce qui est le pire. Papa n'avait jamais vraiment de temps pour maman. Ils n'avaient qu'assez rarement des conversations en tête à tête. Bien souvent mon père s'énervait. Ma mère ne se souvenait plus qu'il devait partir dans telle ville, ou bien elle lui faisait répéter ce qu'il lui avait déjà expliqué. Certes, maman oubliait beaucoup. Mais c'était des détails ennuyeux. Je comprenais qu'elle les oublie. Elle n'est pas l'assistante de papa. Je les aurais oubliés aussi. Le discours implicite de mon père, à peine implicite, c'était qu'elle avait la belle vie, et que les merdes c'est lui qui se les tapait, alors elle pouvait bien faire un effort. Je le comprends également, en fin de compte, même si la vie de maman était davantage une vie facile qu'une belle vie. Une belle vie à deux suppose qu'on soit d'abord satisfaits d'être ensemble.

Papa et maman, même s'ils ont dû s'aimer, ne m'ont jamais vraiment donné l'impression de l'être. Beaucoup d'agacements, beaucoup de tension. Les meilleurs moments étaient ceux avec les tiers qui rompaient le huis clos familial. Et c'est une chance qu'il y en ait eu beaucoup. Avec les Desforges, notamment, ou encore avec les sœurs de maman, les frères de papa, les cousins. C'est quand leur couple était noyé dans la masse qu'il donnait le sentiment d'exister et, parfois, d'être heureux. Il n'aurait tenu qu'à eux qu'il en soit autrement.

Et je peux trouver d'autres exemples de gens pas heureux. Tiens ! Margaux ! Elle fait la gueule en continu, et on ne me fera pas croire qu'on peut être content de son sort si on fait tout le temps la gueule. Et pourtant, elle a tout réussi pour être bien vue des parents, contrairement à moi. Alors, où est le problème ? Pas de mec ? Un boulot qui finalement ne lui plaît pas ? Qui lui donne du souci ? Un niveau d'objectifs trop élevé, qu'elle n'est jamais certaine d'atteindre ? Des galères comme ça, certainement. Je n'en sais rien. Elle ne me parle de rien. Pour elle, je dois avoir, moi aussi, une vie facile. Mais qu'est-ce qui l'empêche d'avoir la même ?

Et Armande ? C'est le moment de m'en souvenir, puisque je vais arriver à Joinville. Je ne l'ai guère vue que dans les circonstances que j'évoquais il y a un instant, le plus souvent en vacances, à la montagne ou à la mer. Je dirais qu'elle me donnait l'impression d'être plutôt heureuse, mais c'était peut-être un leurre. La mayonnaise prenait bien entre les deux familles, les parents et les enfants s'entendaient très bien, il y avait souvent du monde à dîner. Oui, elle rigolait, mais maman aussi, à ces moments-là. Et pourtant, Armande a quitté Christophe, assez jeune, brutalement. Et elle n'est pas revenue après. Elle n'était pas heureuse avec lui. Aucune femme ne l'est avec son mari ni aucun mari avec sa femme, diront certains. Mais non, je ne les crois pas. On décide de ne pas s'offrir une vie qui nous convient. On décide de ne pas aimer, ou d'aimer mal. J'en suis convaincu, et c'est pourquoi j'ai décidé du contraire.

Je suis triste d'enterrer Armande. Mais cela ne me rend pas malheureux.

ARMANDE

Patricia est d'une très grande innocence. Le mal n'existe pas pour elle. C'est pour cela que je l'ai toujours beaucoup aimée, pour sa pureté. Un monde qui ne serait peuplé que de Patricia serait le meilleur des mondes, mais peut-être, aussi, un monde très chiant. Ce sont les contrariétés, les drames même, qui nous font exister, et pas seulement parce que, en creux, ils donnent du relief aux bons moments, aussi parce qu'ils font de nous des personnes, parfois des personnages ; que serions-nous, sinon ? Des oisillons qui pépient sottement en attendant leur béquée de satisfaction quotidienne.

Je n'ai jamais été innocentc. J'ai toujours été lucide. Ça m'a rendu la vie plus facile. Au regard de ce qui m'attendait, si j'avais été fraîche et naïve comme Patricia, j'aurais été broyée.

Je n'ai pas su qui m'avait téléphoné pour me dire que Christophe me trompait. Je ne suis même pas certaine d'avoir demandé à cette femme qui elle était, ce qui m'aurait sans doute permis de comprendre pourquoi elle agissait ainsi. Au fond, je m'en foutais. J'avais raison, puisque l'on ne peut pas avoir de bons motifs pour faire ça. Par contre, je ne me foutais pas de ce qui m'était dit. Je n'avais rien vu venir. Nous n'étions mariés que depuis trois ans et tout allait bien (c'est ce que nous nous racontions). Sur le coup, je n'y ai pas tout à fait cru. J'ai même été tentée de ne rien vérifier, comme une Patricia. Mais je ne suis pas une Patricia. J'avais tous les éléments : ils se retrouvaient en fin d'après-midi dans la chambre de service, au-dessus des bureaux de Desforges-de Graaf, rue La Boétie. À l'époque, nous n'habitions pas encore rue Boissy-d'Anglas, dans cet étrange appartement qui était le seul logement d'un immeuble commercial, ce que je trouvais drôle au début, mais à Vincennes (Patricia et Émilien n'habitaient pas encore rue de Commaille, mais dans le sud de Paris, je ne me souviens plus où exactement, dans le quatorzième, je crois). Le boulot était donc un peu loin, surtout pour Christophe. Il m'avait dit que c'était une opportunité que le propriétaire mette à leur disposition cette chambre au-dessus des bureaux, pour y dormir lorsqu'il lui fallait travailler tard et recommencer tôt. De fait, il n'y avait guère dormi que quatre ou cinq fois à ce moment-là. J'avais d'ailleurs presque oublié l'existence de cette chambre, jusqu'à ce qu'on la rappelle à mon bon souvenir. C'était la fin de l'été ; il faisait jour tard et je me voyais mal courir le risque de me faire gauler par Émilien, une assistante ou par Christophe lui-même, en train de faire le pied de grue sur le trottoir. J'ai envoyé ma copine Nadine le faire à ma place. Christophe ne l'avait aperçue qu'une fois. C'était à une soirée avec plein de monde, il ne lui avait presque pas parlé et elle s'était fait couper les cheveux depuis. Elle a donc attendu, vu Christophe tirer les rideaux de la chambre vers dix-huit heures, et quitter l'immeuble deux heures plus tard, bien accompagné.

Deux jours après, j'ai fait garder Blanche et j'ai pris le risque d'y aller, mais en vain : la chambre n'a pas été utilisée ce soir-là. Elle l'a été le lendemain. J'avais procédé comme la veille. Je m'étais installée dans un café qui n'était pas tout à fait en face. J'étais difficilement repérable, mais, en me dévissant le cou, je pouvais voir qui entrait et qui sortait de l'immeuble. En arrivant, j'avais observé que les rideaux n'étaient pas tirés. Une heure plus tard, j'étais sortie dix secondes du troquet pour constater qu'ils l'étaient. Ensuite, j'avais surveillé la rue jusqu'à voir Christophe sortir, toujours bien accompagné.

Tant que je n'avais pas vu la scène de mes propres yeux, une partie de moi était encore dans le déni : c'était un malentendu, il y avait une explication. Mais après la séquence du café, il n'y avait plus de doute possible. Je suis rentrée chez moi. Christophe n'y était pas encore. Il s'est écoulé une bonne heure avant son retour. J'ai eu une crampe subite. J'attendais Lucie. J'étais enceinte de cinq mois. J'avais déjà la main sur le combiné du téléphone lorsque je me suis dit : non, tu ne vas appeler personne; tu ne vas pas faire de fausse couche. Presque tout de suite, je me suis calmée. J'ai ressenti un grand froid. Lorsque Christophe est rentré, je ne l'aimais déjà plus. Peut-être avais-je cessé de l'aimer avant, sans m'en rendre compte. C'est ce que voudrait la logique car, me dira-t-on, cela ne peut pas arriver comme ça, d'un coup d'un seul. Eh bien moi je crois que si, que c'est possible! Pourquoi pourrait-on s'éprendre brusquement de quelqu'un, ce que tout le monde admet ou presque, et pas l'inverse? Moi, je pense que tout ça c'est dans notre tête. Quand on a vraiment envie d'aimer, on tombe très vite amoureux. En revanche, on a rarement envie de se dire qu'on s'est trompé ou, pire, qu'on est trompé. Donc quand ça arrive, on résiste. C'est ainsi que fonctionnent la plupart des gens. Pas moi. Déjà, même si j'avais des sentiments pour Christophe, ça n'avait pas été le coup de foudre. Le coup de foudre, ce n'est pas trop ma tasse de thé. Quand j'ai vu que cette histoire d'amour n'en était plus une, qu'elle ne l'avait peut-être jamais été, au lieu de vouloir à toute force faire exister ce qui était mort, j'ai décidé de faire comme si de rien, le temps de réfléchir. Dans les jours qui ont suivi, j'ai arrêté une doctrine.

N'en déduisez pas que je suis un monstre froid. Je me suis protégée car je ne voulais pas permettre aux salauds d'avoir ma peau, ce qui se serait produit si je m'étais laissée aller. Mais j'ai souffert de tout ça, bien entendu, car ma doctrine, à laquelle je me suis tenue jusqu'à mon divorce, c'est-à-dire pendant toute ma jeunesse en fait, n'était qu'un pis-aller. Il me faut avoir l'honnêteté et la force de le reconnaître : j'aurais souhaité pouvoir faire confiance à un homme. Mais est-ce seulement possible, ou est-ce le fantasme enfantin des âmes romantiques qui ne veulent pas grandir ?

Je n'avais aucun diplôme. J'étais bientôt mère de deux enfants. Alors me recoller aux études, toute paresseuse que je suis ? Quitter Christophe ? Pour en trouver un autre, dans ces conditions ? Quel autre ? Serait-il mieux ? Fidèle ? Non, pas forcément. J'allais vieillir. Il y aurait de plus en plus de femmes plus jeunes. À vingt-trois ans, je comprenais tout ce que la plupart de mes copines ont obstinément nié jusqu'à la quarantaine bien sonnée. À cette époque, je trouvais que la boîte marchait déjà bien. Je ne me trompais pas. À deux ou trois ans de là, les effectifs dépasseraient une dizaine de salariés, un bureau secondaire serait ouvert à Rennes, nos maris seraient des hommes aisés, nous achèterions à Courchevel (en partie grâce à l'héritage de mes grands-parents), puis Patricia et Émilien à Carrouges. Alors, je me suis dit : « Tu vas avoir une vie bourgeoise, une vie agréable, et pour le reste tu te débrouilleras. » Et je me suis débrouillée. J'ai compensé. Au début, j'avais la haine de Christophe, malgré tout. C'est à cela que je vois que je ne suis pas aussi machiavélique que je l'aurais voulu. Il y avait de la vengeance dans tout ça : « Tu m'as trahie; eh bien, je te trahis aussi! » Mais, assez rapidement, cette haine s'est transformée en complète indifférence. Je fonctionne un peu comme un mec. Généralement, ce sont les hommes qui vivent comme j'ai vécu. Ils profitent des bons gâteaux préparés par leurs femmes et s'éclatent avec des filles qui ont l'âge des leurs. Les femmes, quand leur conte sucré succombe sous les coups de la méchante fée Réalité, elles se barrent en se racontant qu'elles vont faire mieux la fois d'après. Elles se convainquent ensuite qu'elles y sont arrivées, alors qu'elles n'ont fait que réduire la voilure de leurs ambitions sans même s'en rendre compte. Mon indifférence à l'égard de Christophe était dissimulée, bien entendu, autant que faire se peut. Je me montrais à peu près aimable, et je faisais l'amour avec lui de temps en temps – sans aucun plaisir. Cette hypocrisie était un peu pesante au début, ce n'est pas ma nature. Mais je m'y suis faite. Elle est devenue spontanée. J'étais fausse avec mon mari comme d'autres le sont avec leur patron, qu'ils détestent mais dont ils dépendent, ou avec la gardienne de l'immeuble, qu'ils méprisent mais qui leur rend service.

Lorsque Christophe m'est revenu environ deux ans après (je l'ai compris tout de suite : il rentrait tôt du bureau, ne découchait plus du tout, se montrait beaucoup plus attentif), et s'est tenu à ce retour, car je ne crois pas qu'il ait récidivé, j'ai été brièvement tentée par un rapprochement. Il était trop tard. J'avais commencé à coucher ici et là, mais ce n'était pas l'explication. Je m'étais faite à une nouvelle vie construite avec Christophe mais dont il était absent – résolument absent.

ÉMILIEN

Maintenant, le truc de Patricia, c'est de ne pas me répondre quand je lui adresse la parole. Elle vient de me refaire le coup.

Il m'est bien souvent arrivé d'apprécier que Patricia ne soit pas une femme qui parle. En 1994, lorsque Sylvie m'a quitté, Patricia s'est montrée très présente, très tendre, sans poser aucune question. Elle avait compris que j'étais mal. Sans savoir pourquoi. J'ai toujours tout compartimenté. Personne ne sait tout de ma vie, et, à certains égards, ma femme est celle qui en sait le moins. Elle ne peut pas ne pas sentir confusément que j'ai des secrets, mais, pendant longtemps, loin de me faire comprendre qu'elle m'en voulait, elle était mon havre. Dans les moments difficiles, je la retrouvais. Elle était là ; elle ne me tirait pas les vers du nez. Je me suis souvent dit : finalement, c'est vraiment cela une épouse, une compagne – quelqu'un qui est toujours présent, et particulièrement aux moments délicats, qui accepte l'autre avec ses mystères, ses faiblesses, et qui sait faire en sorte qu'il souffre le moins possible de ces dernières sans lui mettre la tête dedans (le contraire de ce que j'ai été pour elle, bien souvent).

C'est pour cela que ma relation avec Patricia s'est presque toujours trouvée renforcée à l'issue des crises personnelles que j'ai traversées.

Depuis 2006, les silences de Patricia ont changé. Ce ne sont plus des silences qui accueillent. Ce sont des silences qui excluent. Qui m'excluent, et avec une certaine forme d'ostentation ; comme si ma femme attendait que je réagisse, voire que j'explose, pour m'envoyer immédiatement mon paquet. Quel paquet, d'ailleurs ? Suis-je responsable de ce qui nous est arrivé ? Non. J'en suis la victime, exactement au même titre que Patricia. Certes, ce matin-là, je me suis levé plus tard que d'habitude. Mais ma femme ne le sait pas. Et quand bien même je me serais levé plus tôt, cela n'aurait certainement rien changé. On me l'a dit. J'en suis convaincu. Donc ? Pourquoi suis-je puni maintenant, sans raison, alors que je ne l'ai pas été lorsque j'aurais pu, et sans doute dû l'être ? Sauf à admettre qu'il s'agit d'une forme de justice divine, cela procède forcément d'une injustice humaine, et j'en veux à Patricia. Pour autant, je serre les dents. Je ne veux pas lui donner l'occasion de me dire ce que je n'ai pas envie d'entendre. Je ne suis pas armé pour écouter les reproches que Patricia pourrait avoir à me faire, alors même qu'ils seraient infondés, et ceci, précisément, parce qu'elle aurait pu me faire beaucoup d'autres reproches, très fondés ceux-là. Au fond de moi, je sais qu'il y a une espèce de compensation légitime entre la trop grande compassion passée de ma femme et son attitude aujourd'hui.

J'ai aimé Patricia à ma façon, comme disent tous les mauvais maris, mais je ne l'ai jamais soutenue comme elle m'a soutenu. Pendant longtemps, je l'engueulais parce qu'elle ne s'intéressait pas à mes lectures ni à mon travail. Mais je me contentais de l'engueuler. Je ne lui donnais pas les clés. Or elle avait des excuses de ne pas les avoir trouvées. Gravement malade à seize ans, elle a décroché scolairement, n'a pas pu faire de grandes études comme ses sœurs. Lorsque, assez courageusement, elle s'est rabattue sur une formation d'hôtesse de l'air, sa famille lui a bien fait comprendre qu'elle ferait mieux de se marier, puisqu'elle n'avait rien entrepris d'intéressant par elle-même. Ce n'était pas explicite. Ce n'était pas méchant non plus. Mais je l'ai bien senti aux petites remarques qu'on lui faisait devant moi, ses parents notamment, lorsqu'elle m'a épousé, à vingt-six ans. « Il était temps… » Ensuite, il y a eu Christophe, nos amis, moi, ses sœurs, mes frères : des intellos, ou prétendus tels. Lorsqu'elle ne nous suivait pas dans nos conversations, je lui faisais comprendre que cela m'agaçait. D'accord, elle n'avait pas lu tel livre, mais qu'est-ce qui l'empêchait de le faire (avec, en sous-texte : « tu n'es tout de même pas débordée ») ? D'accord, elle ne connaissait pas la différence entre la communication financière et la communication tout court, mais qu'est-ce qui l'empêchait de poser la question ? Patricia bottait en touche, se braquait. En fait, elle était complexée et ses complexes la rendaient vulnérable. Mais au lieu de la mettre en confiance, je renforçais son mal-être, et lui donnais encore plus matière à m'énerver. Au bout de dix ou quinze ans, j'ai cessé de réagir. C'était pire. Patricia était renvoyée au statut de celle dont il n'y avait plus rien à attendre. J'ai été injuste. J'ai été con. Elle m'a permis de composer avec mes fragilités. J'ai converti les siennes en armes contre elle. Pourquoi ? Je ne sais pas trop. Parce que c'était plus simple, sans doute. C'est plus vite fait de condamner que d'aider. Ça devait m'arranger que Patricia reste comme elle est, comme j'avais décrété, finalement, qu'elle devait rester. Mari incompris, j'avais une légitimité pour chercher ailleurs des compensations.

Avec mon aide, Patricia ne serait peut-être pas devenue une intello, mais elle aurait progressé. Et d'ailleurs, pourquoi aurait-elle dû en devenir une, finalement ? N'y a-t-il pas d'autres façons d'être intéressant, d'avoir une valeur humaine ? Bien sûr que si. Mais, au lieu de regarder les formidables qualités de ma femme, son sens de l'écoute, sa subtile discrétion, son talent pour l'harmonie, j'ai préféré observer ses points faibles, ou supposés tels, et oublier les miens.

Est-ce rattrapable ? Rattraper quoi ?

Pendant que je me gare sur une des dernières places disponibles du parking, Patricia met la main sur la portière. Je le sens, mais je ne la regarde pas. Il y a dix jours, sa mère nous a envoyé les photos d'un dîner de famille. Et là, j'ai vu que ma femme avait *vraiment* vieilli. Elle n'était pas allée chez le coiffeur depuis longtemps. On la voit toujours blonde, mais elle ne l'est plus tout à fait. Elle a des pattes-d'oie et son visage, baissé sur la photo, n'est plus tonique. Sa beauté s'en va. Sa beauté d'actrice des années 1960, oxygénée, sophistiquée. Qui m'avait tant ému sur le cours Saleya. Il m'a fallu cette photo pour la voir mourir.

MARGAUX

Cool ! je n'ai pas loupé la sortie Joinville. Il ne me reste plus qu'à trouver l'église. Rue de Paris, je me souviens. Bon, avec le GPS... Pourtant, je me trompe tout le temps dès que je sors de la capitale. Les machins compliqués, c'est pas pour moi (enfin...). Contrairement à ce que l'on me dit souvent, mon boulot de *middle office* n'est pas compliqué. Il y a trente ou quarante notions à connaître, quelques douzaines de mots à retenir, et le reste c'est du jeu. Mais passer plein de temps, comme tant de personnes, dans les bouchons pour rentrer chez soi, speeder grave chaque matin entre les gosses à déposer à la crèche, le tailleur à mettre au pressing et le bureau qui attend, c'est compliqué. C'est même du lourd.

Mes parents ont toujours adoré les choses *très* compliquées. Mon père a voulu monter sa boîte et avoir plein de soucis au lieu de faire une belle carrière style cadre dirigeant. Il a fallu qu'ils décident d'avoir un autre enfant à plus de quarante ans, alors qu'Aubin et moi étions ados. Il a fallu qu'ils se collent une résidence secondaire, avec toujours un robinet qui fuit à réparer, une tuile cassée à remplacer, plutôt que de se payer le Club Med avec un budget bien moindre. Côté Desforges, pareil. Bon, avec seulement deux enfants. Je ne pige pas bien. C'est vrai, il y a beaucoup de gens qui vivent comme ça. Mais il y a aussi beaucoup de cons. Je ne dis pas que mes parents sont des imbéciles. Ce ne serait pas juste. Je dis que peut-être ils n'ont pas assez réfléchi à ce qui est important. À l'époque, j'ai l'impression qu'on ne réfléchissait pas trop. Enfin, je ne parle pas de la couleur des rideaux ou de la marque de la machine à laver. Pour ça, il y avait des *brainstormings* qui duraient des plombes. Je parle des grandes orientations de la vie. On faisait des études, on se trouvait un beau boulot, on se mariait, puis les enfants, puis l'appart à crédit, puis la maison de campagne, *cash* parfois, parce que entre-temps on avait mis de côté. Les deux premières choses, je comprends. Ça permet d'avoir le choix. Ce que je comprends moins, c'est que l'on ne se pose pas, après, la question du *bon* choix. Vivre ou pas avec quelqu'un ? Avoir ou pas des mioches ? Je ne comprends pas qu'on fonce tête baissée pendant trente ans pour faire la tête pendant les trente années suivantes, si tant est qu'on en ait encore trente à vivre quand on arrive à cinquante ans.

Les gens de la génération de mes parents, de leur milieu, je trouve donc qu'ils ne réfléchissaient pas assez à ce qu'ils voulaient faire de leur vie. Grave conformistes, ils faisaient comme leurs propres parents. Mais en pensant à tout ça, je me demande si nous, les jeunes, on réfléchit plus. En fin de compte, non. Certes, on vit de toutes sortes de façons, contrairement aux parents : on bosse ou pas, on est en couple ou pas, on est homo ou hétéro, on a parfois des enfants, mais pas toujours. Mais ce n'est pas parce qu'on s'assoit, mettons à vingt ans, pour peser les différentes alternatives, pour faire dans notre tête une espèce d'appel d'offres des possibles. Non, c'est parce qu'on se laisse porter, en fin de compte. On trouve un boulot ? Tant mieux ! (Pour la plupart.) On rencontre quelqu'un ? On se met avec. Le quelqu'un veut un enfant ? On en fait un. Le quelqu'un n'en veut pas ? On n'en fait pas. Ça ne va plus avec le quelqu'un ? On se sépare.

Conclusion : on ne réfléchit pas plus que nos parents. On est certainement plus passifs qu'eux. Mais, notre vie, c'est la nôtre, ce n'est pas celle du voisin.

Attention ! Je suis arrivée, me dit la conne du GPS avec son accent de beurette (je sais, les jeunes sont supposés être hypertolérants, mais ce n'est pas du tout mon cas). En effet, je vois l'église. Pour une fois qu'elle ne m'a pas embrouillée !

AUBIN

Joinville ! Je descends là. Bien, je la situe, cette église. Elle n'est pas loin du tout – quasiment en face du RER. Je suis en avance, en fait.

Est-ce que j'aimais Armande ? Ça paraît débile, cette question. On est censé savoir, non ? Moi, pas trop. Je sais que j'aime maman, papa, le petit Renaud, Éloi, et même Margaux, allez ! au diable l'avarice ! j'aime mon chat ! mais oui, mais oui… Avec tout ça, je devrais inclure Armande dans le lot. D'autant qu'elle faisait quasiment partie de ma famille, un peu comme une tante (mais est-ce que j'aime vraiment mes tantes ?). D'autant qu'elle est morte, et, quand les gens sont morts, il faut dire qu'on les aimait lorsqu'on les connaissait ; sinon, on est un monstre. OK, mais moi j'ai du mal à savoir. J'ai un peu pleuré le soir où maman m'a téléphoné pour m'annoncer la nouvelle ; c'était nerveux. J'étais si surpris. Elle va me manquer, ça c'est sûr. Je ne la voyais plus, cela dit, depuis bien des années. Mais j'avais des nouvelles. Par maman surtout, car je ne vois pas davantage Blanche et Lucie qui vivent à Paris (moi, je ne les vois plus parce qu'elles sont à Paris, et Margaux parce qu'elles sont mères de famille et que, même si elles travaillent, ma sœur doit trouver ça top ringard – de toute façon, nous n'avons pas eu le temps de construire avec elles une relation en mode adulte). Je savais que j'aurais pu voir Armande, qu'elle vivait non loin de moi. Voilà, c'est ça qui me rend triste : je ne pourrai plus la voir. Alors, si je suis triste, c'est peut-être bien que je l'aimais.

Aimer, la grande affaire ! On apprend à marcher, à parler, à faire du vélo, à lire ou à écrire. On apprend comment tenir ses couverts, comment on doit se comporter en société. Les parents enseignent tout cela à leurs enfants, ou le leur font enseigner. Ils n'attendent pas que ça vienne tout seul. En revanche, rien n'est jamais enseigné, ou seulement dit, sur l'amour. Rien, sauf des clichés : les parents aiment leurs enfants qui le leur rendent (sous-entendu : c'est ainsi que ça doit se passer), puis, un jour, on rencontre la bonne personne qu'on va aimer et qui va nous rendre la pareille, avoir avec elle des enfants qu'on va aimer et qui nous le rendront à leur tour – et la boucle est bouclée. Même genre de non-dits et de clichés sur l'amitié qui est sans doute, sur la durée, la première forme d'amour : on a des amis avec qui on s'entend bien ; ils sont un peu tombés du ciel. Ils sont là. C'est tout simple.

Or je sais déjà que rien de tout cela n'est simple. On tente, on se plante, on recommence. Les enfants gagneraient du temps si leurs parents leur expliquaient, parce que, rassurés, ils rebondiraient plus vite. Mais non, ce n'est jamais fait. On ne nous dit pas que le premier rapport sexuel est une épreuve, que l'on a peur avant et que, bien souvent, on est déçu après. On ne nous dit pas non plus que le premier amour dure rarement toute la vie. On ne nous dit pas davantage que l'amitié se cultive, de même que le couple, de même que la famille. Rien de tout cela n'est acquis. C'est un boulot, passionnant mais à plein temps. On arrive donc à l'âge adulte ignorants, pleins d'illusions absurdes, et on prend pour des échecs personnels ce qui est inévitable. Je pensais tout à l'heure que les gens n'étaient pas heureux parce qu'ils ne le décident pas une bonne fois pour toutes. Je le maintiens. Mais à cela s'ajoute qu'ils perdent beaucoup de temps à défricher ce que les parents n'ont pas décrypté pour eux. Ce travail, qui est une forme d'accouchement de soi, se fait dans la douleur ; après il faut cicatriser, certaines plaies se referment mal, et ce n'est pas un bon ciment pour construire.

Physiquement, je ressemble à papa. Cheveux bruns et ondulés (poivre et sel pour lui, désormais), traits fins, silhouette nerveuse. Psychologiquement, c'est peut-être de lui que je tiens ma sensibilité, alors même qu'elle ne s'est pas traduite chez lui de la même façon que chez moi – en apparence. Mais il ne m'a jamais pris à part pour évoquer tous ces sujets avec moi. Pour évoquer la vie, en somme. Lorsque nous étions petits, il nous câlinait, il jouait avec nous à l'occasion. Plus tard, il s'est intéressé à nos études. Mais rien de vraiment personnel dans nos échanges. En cela, il a agi, ou plutôt pas agi, comme la plupart des parents. Si jamais je suis père un jour, je serai différent. Je donnerai des armes à mes enfants. Et je fourbirai ces armes.

À cet égard, maman n'a pas été meilleure que papa. Ma mère est une timide. Certes, c'est aussi une dame chic qui intimide elle-même et, ce faisant, se protège. L'hôtesse élégante qui manie à la perfection l'art de parler de tout et de rien a du mal à parler pour de vrai. Je pourrais même dire que parler lui fait mal, parce qu'elle sait, pour en avoir fait l'expérience, que les mots peuvent faire souffrir. Ce que papa n'abordait pas parce que, sans doute, il n'en voyait pas l'utilité sous le prétexte probable que chacun fait son chemin, maman ne l'abordait pas, ou si peu, par crainte d'être importune, maladroite. Je la revois nous lire, à Margaux et à moi, un manuel illustré d'éducation sexuelle. Je ne comprenais pas comment, techniquement, le papa mettait la « petite graine ». Ma mère a ri, puis rougi. Elle était gênée. Elle n'a pas su expliquer. Mais elle nous voyait mieux que papa. Si elle nous sentait tristes, elle nous le disait : « Tu peux tout me raconter, tu sais. » Nous répondions : « Oui maman. » Nous ne racontions rien, ou presque. Les parents fragiles ne portent pas à la confidence.

PÉTRUS

Il fait chaud. Je sommeille. Il me manque.

ÉMILIEN

Christophe a toujours eu une longueur d'avance sur moi.

Lorsque je l'ai retrouvé à une soirée, plusieurs années après Sciences Po, il était déjà marié avec Armande. Ils attendaient Blanche. Moi, à vingt-huit ans, j'étais toujours célibataire. Je ne rencontrerais Patricia qu'un an plus tard.

C'est à cette soirée que j'ai connu Christophe pour de bon. À Sciences Po, je ne suis pas certain d'avoir bavardé une seule fois en tête à tête avec lui. On peut dire que nous ne nous connaissions presque que de vue. J'avais été étonné de ne pas avoir cherché à me lier davantage avec lui pendant nos études. Il avait une assurance que je n'avais pas encore. Il était beau. Peut-être l'étais-je aussi, mais pas de la même manière : il était charismatique. Sa femme m'avait plu aussi. Elle était insolente. À ce moment-là, c'était une insolence gaie. Une insolence de séductrice. J'avais été flatté d'être adoubé par ce couple.

Christophe était responsable de la communication externe de la banque L***. Il connaissait très bien son sujet. Il en parlait merveilleusement. Moi, je travaillais dans une petite agence de com. Elles étaient nombreuses à la fin des années 1980. C'était modeste, à côté. Christophe avait les responsabilités d'un homme de quarante ans.

Je l'aperçois en marchant vers l'église. Aujourd'hui, a-t-il toujours une longueur d'avance ? Il est divorcé certes, mais je n'ai pas l'objectif de divorcer. Ses filles l'entourent. Ah ! oui, il est déjà deux fois grand-père. J'y pense en voyant Blanche, bien enceinte de son deuxième.

Au boulot, nous sommes à égalité : amis et associés. Nous sommes toujours amis. C'est à la vie à la mort. Pour autant, cette relation s'est décolorée. Avant, nous étions en symbiose. Je ne lui disais pas tout : il est fidèle de nature, moi pas. Il aurait désapprouvé certains de mes écarts de conduite. Christophe n'a été infidèle que par accident. Parce que c'était écrit, pas parce qu'il l'a voulu. Et il ne l'a été que très peu de temps. Mais, si j'avais des secrets pour Christophe, je lui disais des choses intimes. Je lui parlais de Patricia. Je lui parlais de mes angoisses, de mes rêves. Il m'écoutait. Patricia m'accueillait et Christophe m'écoutait. C'était de l'amour des deux côtés, mais plus actif du sien. Il relativisait, rassurait, encourageait, alors que Patricia était *seulement* gentille. Finalement, ils se complétaient. J'emploie l'imparfait parce que ça a changé avec lui comme avec ma femme. Depuis la naissance de Renaud, c'est moins spontané entre nous. Il était en plein divorce, et puis, il faut bien le dire, je l'ai un peu laissé tomber à ce moment-là. J'ai eu beau dire qu'il n'en était rien, j'ai pris la tangente. J'ai cru un temps qu'il m'en avait voulu, mais non. Il a pris acte de mon éloignement et a pris ses distances à son tour. De cela, nous n'avons pas parlé. Nous avons continué à faire comme si. Seulement, ce qui était autrefois naturel a cessé de l'être et nous le savons.

Nous décidons d'avoir une conversation personnelle. Nous organisons un dîner entre hommes une semaine à l'avance. Jadis, Christophe me disait : « Appelle Patricia. Ce soir, je veux que nous soyons tous les deux. »

Est-ce que tout ça, c'est la vie ? Est-ce le temps qui déconstruit ? Ou bien est-ce moi qui ai fait des erreurs ?

Nous nous sommes arrêtés à quelques mètres de Christophe, attendant que les gens d'un certain âge qui l'ont entrepris et qu'il fait semblant d'écouter s'en aillent plus loin.

Des erreurs, j'en ai fait des tas. J'ai été trop perso. Je n'ai pas suffisamment soigné le foyer de l'amour, de l'amitié. C'est sûr. À cette distance, je constate une fois de plus que Christophe est toujours beau. Il s'entretient moins que moi, il ne fait plus de sport et il a plus de rides que moi. Il blanchit lui aussi. Comme il est blond-roux, ça fait des mèches. Il n'est pas abîmé par le temps. Mais je finis par penser que le temps joue un rôle actif et sournois à l'intérieur de nous, un travail de sape. Je ne peux pas être le seul à ressentir cela. Je crois au contraire que tout le monde le ressent, à des degrés divers, mais qu'on n'en parle pas parce que c'est terrifiant. La vérité, c'est que le temps qui passe n'est pas seulement du temps qui ne reviendra plus, mais c'est qu'il nous gâche de plus en plus celui qui reste. J'ai commencé à comprendre cela quand on a décidé d'avoir Renaud.

J'avais quarante-six ans et Patricia quarante-trois. Aubin venait d'avoir seize ans, Margaux en avait treize. Tout allait bien. J'étais fidèle depuis deux ans. M'étais-je pour autant rapproché de Patricia ? Pas encore à ce moment-là. Pas encore tout à fait. Mais personne ne faisait écran entre nous. La société tournait toujours à plein régime malgré quelques discrètes difficultés. Christophe et moi avions les soucis des patrons, recrutement laborieux, problèmes de stratégie ou disciplinaires, mais nous avions de gros clients, notamment le groupe franco-allemand Hartsch-Blacas et le groupe T*** ; l'argent rentrait. Plus de travaux à Carrouges. Depuis six ans nous avions l'habitude de partager avec eux, mais sans les enfants, une semaine au Bellerive, un hôtel de l'île Maurice. Nous y allions au début du printemps. Alors, nous aurions pu nous dire, ma femme et moi : profitons ! n'allons pas chercher midi à quatorze heures.

On lit partout qu'un enfant, ou un nouvel enfant, ne consolide pas un couple. D'ailleurs, c'est vrai, le nôtre n'allait pas trop mal. Si j'ai fait Renaud, c'est en grande partie pour Patricia. Je commençais à l'observer davantage, à tenir davantage compte d'elle. Il était déjà très tard certes, mais il n'est jamais trop tard pour cela. Nous étions à Maurice, justement, lorsque nous avons pris cette décision. C'était notre dernier séjour au Bellerive. L'année même où Armande quitterait Christophe. Le cadre, sublime, mettait en relief la tristesse de Patricia. Ses silences n'excluaient pas encore, mais n'accueillaient déjà plus. Rien de flagrant, néanmoins, dans cette tristesse. Elle était presque indécelable. Aucun message appuyé. Un soir, nous avons fait l'amour. Nous ne l'avions pas fait depuis très longtemps, depuis huit ou dix mois, un an peut-être. Le sexe ne me manquait plus. Je m'en éloignais déjà. Ce n'était pas un raisonnement du style : « Tu as fait suffisamment de conneries à cause du sexe. » (D'ailleurs, peut-on vraiment parler de conneries ?) J'avais commencé à me réorienter vers l'essentiel. Patricia en faisait partie. Patricia, et la manière dont, ce soir-là, j'avais fait l'amour avec elle. On n'avait rien découvert, rien bousculé. On était débarrassés des scories inutiles, des codes, des idées de performance. C'était un contact, un échange, de la douceur. L'acte sexuel en lui-même était tout à fait secondaire. Il n'était plus que l'ingrédient d'un ensemble plus vaste. Et cet ensemble était agréable. Après, nous sommes restés dans les bras l'un de l'autre. Cela non plus ne nous était pas arrivé depuis longtemps. Nous étions sur la même longueur d'onde. La fenêtre de la chambre était ouverte. On entendait les grenouilles. Nous parlions à bâtons rompus. Lorsque Patricia m'a dit qu'elle aimerait avoir un autre enfant, cela ne venait pas comme un cheveu sur la soupe. Ce souhait était en cohérence avec ce que nous venions de vivre, mais je sentais qu'il n'était pas impulsif, que ma femme nourrissait cette idée depuis longtemps. Je ne crois pas que Patricia ait usé de stratégie pour parvenir à ses fins. Ce n'est pas elle qui avait pris les devants pour faire l'amour. Elle ne prend pas les devants en général, et surtout pas dans ce domaine. Mais elle avait été sincèrement réceptive. J'ai répondu oui tout de suite. Je comprenais qu'il fallait que ça bouge dans sa vie. Qu'il lui fallait un événement.

Mais si j'ai bien voulu avoir un autre enfant, ce n'est pas seulement pour faire plaisir à ma femme. Déjà à l'époque, il y a dix ans, j'étais sensible au temps qui passe, au sablier qui s'écoule, aux premières fois que je n'aurais plus, et aux dernières fois qui s'annonçaient. La vieillesse, c'est lorsqu'il n'y a plus que des dernières fois. Juste avant de concevoir ce troisième enfant, dès lors que nous étions convenus qu'il y en aurait un, je pouvais me dire que Margaux n'était pas le dernier. Donc, que nous étions encore jeunes, puisqu'il faut l'être pour cet exercice. L'idée paraît puérile, pour le coup. Et pourtant je me souviens que j'ai eu cela dans la tête. Ça a marché tant que ça a pu. Le problème, si j'ose dire, c'est que Patricia a été enceinte presque tout de suite. Cinq ou six semaines après notre retour. Le temps des possibles avait été rompu. Le vrai temps a repris sa marche inexorable. J'ai pris conscience qu'il passait beaucoup plus vite. Que la durée d'une grossesse n'était rien. Lorsque c'est une dernière fois et qu'on le sait, on voudrait la retenir, et du coup elle s'échappe plus rapidement, telle une anguille. Alors, on n'en profite pas. Un peu le même phénomène que celui que l'on vit, enfant, le dernier jour des vacances.

Les dernières fois que l'on a voulues seulement pour que la précédente ne soit que l'avant-dernière ont un goût tragique : celui d'une mort annoncée.

PATRICIA

Je me suis réfugiée dans l'église. Elle est à peu près vide. La cérémonie ne commence que dans vingt minutes, au plus tôt. Je m'y suis réfugiée parce que, encore maintenant, je n'ai pas envie de parler. Pas même avec Christophe qu'Émilien guette dehors, attendant qu'il se rende disponible pour lui, ce que Christophe a toujours fait. Il aurait mieux fait de l'être davantage pour sa femme. Je pense cela sans amertume. C'est vrai que j'ai pu être jalouse de Christophe, mais je ne le suis plus. D'abord parce qu'Émilien est moins scotché à lui et, d'autre part, parce que cela m'indiffère un peu maintenant qu'Émilien puisse aimer quelqu'un d'autre autant que moi, voire davantage. Il y a dix ans, quinze ans, alors que mon mari restait mon principal point d'ancrage, nous étions toujours fourrés avec les Desforges. Dans le Sud, Émilien et Christophe faisaient des longueurs de piscine ensemble. Dans les Alpes, ils nous plantaient là, Armande et moi, avec les enfants, pour bouffer ensemble des pistes noires. Ensuite, alors que nous nous préoccupions des repas, des bains, ils trouvaient le moyen de s'isoler, un verre à la main, pour refaire le monde. Leurs bons moments, ce n'était pas avec nous. Maintenant, c'est fini tout ça. Christophe a abandonné Courchevel à Armande lors du divorce. Elle n'y allait guère après. Elle parlait sans cesse de nous y inviter mais elle ne l'a jamais fait, de même qu'elle ne venait plus à Carrouges. À mon avis, elle n'avait pas spécialement envie de faire du neuf avec du vieux ni de revoir Émilien. Lorsqu'elle venait à Paris pour les soldes, elle s'arrangeait pour me rencontrer dans la journée, pendant qu'il était au bureau. Christophe vient dîner de temps en temps à la maison, et c'est tout. Les rôles se sont inversés. Lorsque nous le voyons, désormais c'est moi le personnage principal. Il est de passage. Dans un second rôle. La vie est mal faite. J'étais un second rôle lorsque je voulais être la vedette, et maintenant que je pourrais l'être, à défaut de concurrent sérieux, cela n'a plus d'importance pour moi. Non, décidément, je n'ai plus de jalousie, plus de rancune. Je n'éprouve plus rien de personnel vis-à-vis de Christophe. Si je lui en veux aujourd'hui, c'est parce qu'il ne s'est pas assez occupé d'Armande. Il n'est pas responsable de sa mort. En tout cas, pas directement. Mais elle ne serait peut-être pas partie s'il s'était comporté différemment. Si elle ne l'avait pas quitté, elle vivrait toujours rue Boissy-d'Anglas, dans l'appartement que Christophe a vendu depuis pour prendre plus petit et plus près du bureau. Elle ne se serait pas installée à Nice et n'aurait pas perdu la vie là-bas. Et si Armande a quitté Christophe, c'est parce qu'il ne la rendait pas heureuse. D'accord, Christophe passait beaucoup plus de temps en famille qu'Émilien. Pendant les années où la boîte avait une succursale à Rennes, c'était Émilien qui y faisait des séjours réguliers. C'était Émilien qui se tapait les déplacements à Lyon, Strasbourg, Marseille et ailleurs. Soit, Christophe était chez lui. Mais pour y faire quoi ? On ne m'ôtera pas de la tête qu'Armande aurait pu être fidèle. Que ça aurait pu marcher entre elle et son mari. Car on a beau dire, on est jamais infidèle par pur vice, ou pour des raisons seulement sexuelles. On est infidèle parce que ça ouvre une fenêtre et que, pendant qu'on est au lit avec quelqu'un d'autre, on ne pense pas à son conjoint. C'est ce que j'imagine. J'ai été fidèle par manque de goût pour les galipettes et par dégoût du mensonge. J'ai réagi au manque de disponibilité de mon mari en montrant ma tristesse, de plus en plus, et de plus en plus souvent. Ce n'est pas forcément la meilleure réaction. On s'aigrit, on se fane, en agissant ainsi. Armande allait voir ailleurs, mais, lorsqu'elle était en famille, pour autant que j'ai pu l'observer, elle était agréable, elle distrayait son monde. Les rares fois où Émilien a abordé le sujet des adultères d'Armande avec moi, il m'a dit que Christophe ne l'avait jamais fait avec lui. Il en déduisait que son ami était blessé et considérait qu'il n'avait pas à prendre l'initiative d'un débat là-dessus. Car ce qui est certain, c'est que Christophe savait. Les dernières années de leur mariage, Armande se cachait à peine. Elle revenait à vingt-deux heures de son cours particulier de tennis, ou réapparaissait, après un après-midi de voile seule avec un skipper, avec une marque dans le cou. Je ne l'encourageais pas à me faire des confidences, mais, parfois, j'y avais droit. Pour elle, elle s'amusait. Elle me disait que Christophe devait faire pareil de temps en temps. Mais elle n'avait pas l'air de trop y croire elle-même. Ça pouvait passer pour une provocation, comme lorsqu'elle avait imaginé une histoire entre Émilien et son mari. Ce qu'il y avait d'un peu gênant avec Armande, c'est que l'on pouvait parfois se demander s'il n'y avait pas du vrai dans ses provocations, s'il ne s'agissait pas pour elle d'un moyen de faire passer des messages. Pour ma part, je ne crois pas trop que Christophe ait eu d'autres femmes. Déjà, quand aurait-il pu se livrer à l'adultère ? Il passait toutes ses soirées et tous ses week-ends chez lui. En vacances, ses moments à lui, c'était des moments avec Émilien. Selon moi, Christophe passait plus de temps avec sa femme qu'Émilien avec moi, mais ce temps était mal utilisé, ce qui a entraîné Armande à aller voir ailleurs pour exister. J'ai bien vu qu'Armande, elle aussi, faisait un peu figure de cloche pour son mari. Christophe, comme Émilien, a fait des études, s'intéresse à de nombreux sujets, à l'économie, aux livres. Armande s'en moquait et n'a jamais cherché à faire croire l'inverse. En cela, je le mesure tout d'un coup, elle a peut-être une part de responsabilité. Mais, enfin, Christophe l'a connue ainsi, et n'a jamais exprimé le souhait qu'elle soit autre. Lorsqu'il y avait une conversation *sérieuse*, elle n'y était jamais associée. Ça encore… Mais, en y repensant, il y avait plus grave : Christophe n'avait jamais un geste d'amour vis-à-vis d'elle. Je ne peux pas faire ce reproche-là à Émilien. Je n'ai jamais vu Christophe embrasser Armande sans raison précise, ou lui prendre la main. Armande le faisait encore lorsque je les ai rencontrés. Christophe avait l'air de considérer que sa présence était bien suffisante. C'est cela l'erreur : une présence sèche ne suffit jamais ; c'est pire qu'une absence.

S'il y a un dénominateur commun entre la trajectoire d'Armande et la mienne, en ce que nous avons toutes les deux épousé des hommes égoïstes, il existe malgré tout des différences entre elle et moi. Armande est à sa manière égoïste aussi. Elle a vécu sa vie. Elle a eu d'autres hommes, et elle n'était pas hyper-concernée par ses filles. Je ne l'ai jamais vue les aider à faire leurs devoirs ni s'y intéresser. Elle déléguait tout ça. Un peu à son mari. Très peu, en réalité, car il était bien occupé. Beaucoup à des tiers. Les enfants prenaient toute leur dimension avec elle lorsqu'il s'agissait de jouer. Car Armande aime cela autant que fuir les responsabilités. C'était sympathique, autant pour Blanche et Lucie que, pendant les vacances, pour mes propres enfants, mais on attend davantage d'une mère. Elle aurait pu s'investir au moins comme moi je l'ai fait, sans avoir plus de bagages. Et puis, j'y pensais il y a quelques instants, Armande aurait pu, plus facilement que moi, intégrer l'univers de Christophe et d'Émilien. Je ne crois pas que son mari lui ait demandé d'arrêter ses études. En revanche, elle m'a raconté plus d'une fois à quel point cela lui cassait les pieds d'apprendre par cœur, de s'astreindre à des horaires, et comment elle avait été ravie d'envoyer balader tout ça. Elle m'a toujours dit aussi qu'elle aurait détesté travailler, pour les mêmes raisons. Lorsque Christophe abordait devant elle un sujet de réflexion, elle réagissait avec dérision, contrefaisait sa voix et singeait son air grave. Elle lui renvoyait l'image d'un fat qui s'écoute parler, alors que, si Christophe a des défauts, il n'est pas comme ça. À y réfléchir plus posément, je dirais que les torts étaient somme toute partagés : les faits et gestes d'Armande étaient plutôt des réactions à ce que Christophe faisait ou ne faisait pas, et il aurait pu agir pour désamorcer cette dynamique contre-productive.

Je me cherche peut-être des excuses, mais il me semble que j'en ai quelques-unes. Sincèrement, je ne crois pas avoir choisi d'être une femme peu brillante intellectuellement. Jusqu'en première, j'étais plutôt bonne élève. Je ne me souviens pas de ma méningite, sauf du début : les symptômes d'une bonne grippe. La suite, on me l'a racontée : la fièvre à 41 °C, et même un peu plus, l'hôpital, la ponction lombaire. On a craint pour ma vie. Ensuite, notre médecin de famille et mes parents ont pris la décision discutable de m'envoyer plusieurs semaines en convalescence chez ma grand-mère, à Cassis, alors que ce n'était sans doute pas strictement nécessaire. J'ai manqué deux ou trois mois de cours, en plein milieu de l'année scolaire. Lorsque j'ai repris le collier, je suis devenue mauvaise. Les dégâts étaient sans doute rattrapables. Il ne semble pas que j'aie eu de séquelles, si ce n'est, sans doute, des problèmes de concentration et de mémoire qui étaient probablement réversibles. Mais je me suis découragée. Je suis passée (passée tout de même) de première B en terminale A, par défaut, car je n'avais pas la fibre littéraire. J'ai eu le bac de justesse, à l'oral, et grâce aux matières scientifiques, ce qui est un comble en A. Si mes carences n'ont pas été comblées, c'est parce qu'il m'aurait fallu être prise en main, encouragée. Je ne suis pas une fille qui ose. Or, après ma maladie, mes parents ont au contraire manifesté de l'agacement : j'étais guérie et il fallait que je me ressaisisse. Le monde ne tournait pas autour de ma petite personne. J'ai encore mes deux parents, comme Émilien a encore les siens, mais ni lui ni moi n'abordons le passé avec eux. En tout cas, pas de tels sujets. À quoi bon ? À la décharge de mes parents, qui s'étaient fait beaucoup de soucis pour moi, ils avaient négligé momentanément mes trois sœurs aînées. Geneviève faisait son droit, Marianne terminait sa première année de médecine et Paule passait le bac. Ils se sont retournés vers elles après ma maladie. Elles étaient brillantes. Notre famille est connue dans Marseille pour être brillante. Des chirurgiens de père en fils, jusqu'à Marianne qui a pris à son tour le même chemin, alors que Geneviève et Paule, après la fac, sont devenues respectivement commissaire-priseur et journaliste. Le discours auquel j'ai eu droit, à la fin de ma scolarité, c'était : « Regarde tes sœurs et retrousse tes manches. » En plus, je pourrais aussi dire « malgré tout », j'étais jolie. Plus jolie que mes sœurs. J'ai leurs yeux marron, mais je n'ai pas leur teint mat. Lorsque à dix-huit ans je me suis fait décolorer les cheveux, même maman, dont ce n'est pas du tout le genre, a trouvé que cela m'allait bien. Quand un ami de papa, qui est pilote de ligne, a abordé lors d'un dîner le sujet des hôtesses de l'air, j'ai témoigné de l'intérêt. Autour de moi on a pensé, sans mépris, que c'était dans mes cordes. Ça l'était et j'avais la tête de l'emploi, avec mes faux airs de Grace Kelly. Je suis devenue hôtesse de l'air un peu sur le mode du « pourquoi pas ? ». Je m'en faisais l'idée d'un métier plutôt agréable tant qu'on est jeune, et ça l'est en effet. Je savais que je me marierais. Mais je ne voyais pas dans le mariage une fin nécessaire, encore moins une issue. Sinon, je me serais mariée beaucoup plus tôt, et sans être folle amoureuse, un peu comme Armande (en cela aussi, elle est coresponsable de ses problèmes conjugaux, même si l'amour fou ne garantit absolument pas le succès d'une union). Or j'ai rencontré Émilien à vingt-six ans, et j'en avais presque vingt-sept lorsque nous nous sommes mariés, six mois plus tard. Pour moi, c'était un coup de foudre. Purement et simplement. Je ne sais pas si Émilien est beau, mais je l'avais trouvé très séduisant, dans le genre brun racé, parmi les passagers du premier vol Paris-Nice. Il se rendait à un rendez-vous professionnel. Il m'a draguée. Avec beaucoup d'élégance, je pourrais même dire de délicatesse, sinon ça n'aurait pas pu marcher. Il a fait de petites mimiques lorsque je donnais les consignes de sécurité, non loin de lui. Il s'est arrangé pour me demander ceci et cela, pour me taquiner gentiment, et pour m'inviter à déjeuner en sortant de l'avion sans être entendu de mes collègues. Je ne repartais pas tout de suite de Nice. Après sa réunion, et avant les deux vols distincts que nous devions reprendre pour Paris, il m'a emmenée cours Saleya. C'était certainement une mangeoire à touristes et c'était pourtant merveilleux. Nous étions en janvier, mais il faisait très beau et doux. Nous avons déjeuné en terrasse. Je ne me souviens plus du tout de quoi nous avons parlé. Mais je me souviens que j'étais très heureuse et qu'Émilien l'était aussi, certainement. Dès ce jour-là, j'ai voulu me marier avec lui. Parce que je l'aimais déjà, pour son intelligence, son humour léger, son sourire.

Qu'est-ce qui lui a plu chez moi ? S'il m'a repérée dans l'avion, alors que je n'avais rien fait d'autre que de donner les consignes de sécurité, c'est sans doute qu'il me trouvait à son goût physiquement. Il m'a choisie pour les mauvaises raisons qui auraient pu conduire un autre à m'aimer, ou lui-même à aimer n'importe quelle femme à condition qu'elle soit jolie aussi. Moi, j'ai épousé Émilien pour ce qu'il dégageait, lui et pas un autre.

Le problème, c'est qu'il ne dégageait pas d'emblée tout ce qu'il est.

Mais n'est-ce pas toujours ainsi ?

CHRISTOPHE

À nouveau seul. Les gens ne restent pas longtemps avec moi. Mes filles ne m'ont pratiquement pas parlé – seulement embrassé, étreint, touché. J'ai vu arriver Émilien et Patricia. Émilien m'a guetté et maintenant c'est lui qui a été alpagué et qui n'est plus disponible. Patricia est entrée dans l'église. Je l'ai vue me jeter un rapide coup d'œil lorsqu'elle est passée à quelques mètres de moi. J'ai cru qu'elle allait me faire un signe, esquisser un sourire. Rien de tout cela. Par moments, j'ai l'impression qu'elle me bat froid. Que sait-elle ? Elle voyait encore Armande de temps en temps. Mais Armande elle-même savait-elle ?

J'ai du mal à revisiter ma relation avec Armande. Déjà parce qu'elle était terminée depuis longtemps. Elle l'était vraiment car, après le divorce, je ne l'ai presque jamais revue. J'ai dû l'avoir une dizaine de fois au téléphone les premières années, à propos de nos filles. Après leurs mariages et l'enterrement de son père, plus rien. C'est un peu devenu de l'histoire ancienne. Difficile pour moi de dire à quel moment nous nous sommes éloignés l'un de l'autre. Lorsque je me suis aperçu qu'elle avait des aventures, j'ai compris que cette cassure remontait loin dans le temps. Je ne peux pas dater sa naissance, fût-ce de manière approximative. Je suppose que pendant un bon moment je n'ai rien voulu voir, de la même façon qu'une personne qui perd l'ouïe va d'abord se persuader que, si elle entend mal, c'est parce qu'elle est distraite ou parce qu'il y a du bruit dans la rue. Mais c'est évident qu'il y avait une grande distance entre nous. Je voulais croire que c'était parce que nous étions devenus un vieux couple. Je voulais croire que les flammes de nos débuts s'étaient transformées en braises. Les braises de notre foyer, de tous les foyers. Mais, en mon for intérieur, je savais que c'était faux. Notre relation n'avait pas évolué, comme je voulais le penser jusqu'à nos toutes dernières années. Elle était morte. Depuis belle lurette. Ce qu'il en restait, et qui pouvait faire illusion, pour les autres et aussi pour moi, c'était l'écorce. Les apparences d'un couple. Sous cette écorce, il n'y avait plus de tronc. Que du vide. Armande, elle, en était pleinement consciente.

J'ai lu récemment sur Internet un article relatant le témoignage d'une dame proche du prince Charles. Selon cette personne, Diana était une personne méchante. Cela m'a frappé car dans l'imaginaire collectif, la dernière personne à porter le titre de princesse de Galles est devenue une sorte de sainte. Or il paraît qu'elle était malveillante en général, mais aussi, et peut-être surtout, envers son mari, ce qui m'a permis de supposer que cette *méchanceté*, si méchanceté il y a eu, était une réaction, voire une vengeance, ce qui est humainement admissible. Armande était souvent désagréable avec moi (sans doute pour le même type de raisons – il y avait certainement au moins une bonne raison). Mais c'était diffus. C'était tellement discret qu'à supposer que je m'en sois aperçu sur le coup, et que je le lui aie fait observer, elle aurait pu objecter que j'inventais, que j'étais exagérément susceptible, et j'aurais eu du mal à la contredire tant les manifestations de son hostilité étaient subtiles. N'empêche que je ne rêvais pas. Certainement pas. Cependant, je ne le formule que maintenant. Il y a quinze ans, si quelqu'un m'en avait parlé, j'aurais réagi comme Armande l'aurait fait : j'aurais nié.

Non, je ne rêvais pas. Alors qu'Armande était très souriante, voire facétieuse, avec les autres, avec les amis, les enfants, elle ne l'était jamais avec moi. Lorsque nous étions seuls dans une pièce, jamais un sourire, jamais un mot gentil. Le plus souvent, j'aurais pu ne pas être là. Ou alors, si elle s'adressait à moi, c'était pour des questions concrètes. Et elle en traitait froidement, comme si nous étions dans une relation professionnelle. Lorsqu'elle plaisantait avec moi, c'était toujours devant les autres, et elle ne plaisantait pas vraiment *avec* moi, elle plaisantait *de* moi sur le mode pince-sans-rire, ce qui n'est pas du tout pareil : « Vous ne connaissez pas la dernière de Christophe ? Ah ! alors, je vous raconte. Vous êtes bien assis ? » Elle faisait son show. Ce n'était pas toujours drôle. C'était toujours grinçant et désagréable pour moi.

Pourquoi ne me suis-je pas aperçu de tout cela bien plus tôt ? Nous aurions pu dialoguer, nous pardonner, et peut-être sauver notre couple. Au lieu de cela, j'étais dans le déni. Je voyais vivre un amour qui n'existait plus, de la même façon que l'on voit encore briller dans le ciel des étoiles mortes depuis des millénaires.

MARGAUX

J'aurais peut-être pu me garer plus près de l'église. Mais ça me fait marcher. C'est bon pour moi. Le sport! je n'aime pas. Et aujourd'hui les gens sont lourds avec ça. Pratiquer un sport, c'est politiquement correct. Seulement, moi, le politiquement correct, j'en ai rien à cirer. Sérieux! je me regarde dans la vitrine en passant et qu'est-ce que je vois? Une fille dans l'air du temps, qui ne passe pas sa journée à se coacher pour y coller pile-poil. Une fille en robe noire, plutôt grande, avec de longs cheveux châtain naturel, coiffés sans en avoir l'air. Une fille cool... OK! je sais, ça non plus ça ne veut rien dire.

Ce soir, on va tous dîner ensemble. Enfin, tous... les parents, Aubin, Renaud et moi. C'est le mieux que l'on puisse faire, car la famille élargie, j'ai l'impression qu'elle est morte. Ou alors qu'elle dort profondément... grave profondément! Même la famille nucléaire... c'est à peine mieux. Aubin, on le voit à Noël. Et je ne lui jette pas la pierre car moi-même, qui habite à deux pas des parents, je passe parfois trois semaines sans les voir. La famille, je me demande si cela existe pour de vrai. Certes, je suis attachée à mes parents et à mon frère, sans être hyperproches d'eux (c'est le moins que l'on puisse dire). Mais je les aime comme j'aimerais sans doute d'autres personnes avec qui j'aurais vécu longtemps et avec qui je partagerais des souvenirs ; peut-être parce qu'ils font partie de moi, tout bêtement. Sans eux, je serais différente.

Mes parents ont réussi pour partie leur relation. Même si c'est souvent plombé entre eux et s'ils ne se parlent pas toujours gentiment, on voit que s'ils vivent toujours ensemble, au bout de près de trente ans, cela a un sens, malgré tout. Lorsque j'ai trouvé mon appartement de la rue Monge, il m'a fallu leur caution. Le proprio était pressé. Papa n'était pas là, ni joignable (comme souvent lorsque j'étais enfant), je ne sais plus pourquoi. Il se débrouille encore parfois pour ne pas l'être, ce qui est un tour de force avec les nouvelles technologies. Lorsque maman m'a dit ça au téléphone, j'ai gueulé, car j'ai eu peur de ne pas avoir cet appartement, que j'adorais déjà. Ma mère a été cash : elle m'a répondu un peu sèchement, ce qui n'est pas dans ses habitudes, que mon père n'était pas à ma disposition. Et là… comment dire ? je l'ai sentie solidaire. J'ai compris que, si on attaquait papa, on s'en prenait à elle. J'ai bien vu qu'elle l'aimait toujours. C'était spontané, un peu tripal.

En revanche, ce qui n'est pas spontané du tout, c'est ma relation avec Aubin, ou les relations des parents avec chacun d'entre nous. Exemple : la vie privée. On ne sait rien de celle d'Aubin. Merde ! il a vingt-six ans ! Il n'a jamais mentionné une copine – ni un copain ! Après on dira qu'on peut tout dire à sa famille ? Et moi, il faut bien le reconnaître, c'est pareil. C'est vrai, j'ai un paquet de raisons de ne pas parler de

Simon. À commencer par le fait que je ne suis pas fière de vivre une histoire qui a des relents du XIXe siècle, alors que je me voudrais un électron libre qui invente tout seul ses propres codes. Mais il faut bien admettre que ces raisons sont aussi des excuses, et que je n'ai pas envie de raconter ma *life* rue de Commaille. Pourtant, je n'ai pas de vrais reproches à faire à mes parents. Ils étaient présents, ils s'occupaient de nous, de nos études. Et malgré tout ça, il y a un courant d'air frais entre nous. On voudrait que la famille soit un refuge, une zone de liberté, et en fait c'est un système avec des non-dits mais aussi un *modus operandi*, des contraintes ; bref, tout ce que je n'aime pas !

Hier, à la télé, j'ai vu qu'en Suède il y a de plus en plus de *polyamoureux*. Ce sont des gens qui organisent leur vie privée à plusieurs, en dehors des clous, mais en toute transparence. On nous montrait une femme qui avait deux enfants avec un mec, et qui partageait son temps entre eux et son nouveau copain, dont on prenait la peine de nous préciser qu'il était le meilleur pote du premier. À mon avis, c'est une fausse liberté. Cette meuf a sans doute plus de contraintes que ma mère avec sa vie bien tradi. Et je ne parle pas des souffrances qu'elle inflige à ses mecs. Ou alors s'ils ne souffrent pas, c'est qu'ils ne l'aiment pas vraiment ; et dans ce cas, qu'est-ce qu'ils foutent avec elle ?

On a beau tourner la mayonnaise dans tous les sens, le seul vrai problème c'est qu'on a besoin des autres. Et les autres = galères.

Revoilà l'église ! Je vois papa en train de discuter avec je ne sais qui, mais pas avec maman. Pourtant, ils sont certainement arrivés ensemble. D'un coup, tout cela me pèse. Je voudrais être ailleurs. J'en ai marre des pierres lourdes à porter. Je n'ai plus envie d'angoisse. Je n'ai plus envie de tristesse.

La mort, je sais qu'elle existe, mais j'aimerais qu'elle se planque, qu'elle se fasse oublier. C'est déjà compliqué de vivre, de se battre tout le temps et pour tout. Pourquoi faut-il en plus qu'il nous soit sans cesse rappelé qu'on fait ça pour rien ?

ARMANDE

En fin de compte, j'ai passé ma vie à mentir.

Mon premier mensonge était social. Pour la galerie, le quidam, les parents d'élèves, les copains, et même pour ma famille (je ne parle pas de Christophe et des filles, mais de ma mère, de mon père, de mon frère et de la famille plus lointaine), j'étais une épouse et une mère. Certes, c'était le cas. Mais je n'étais pas réductible à cela. Je n'étais peut-être pas *une autre*, mais *autre*. Je mentais par omission. Mon image était légère, souriante. Derrière, j'étais rageuse, frustrée, piégée. Si j'avais été une battante, j'aurais fichu le camp. J'aurais même laissé Blanche et Lucie à Christophe. Pourtant, je les aime. Je ne suis pas restée pour elles ni à cause d'elles, mais faute de courage et d'esprit d'entreprise. C'est beaucoup moins glorieux.

Mon deuxième mensonge était plus intime, celui que j'adressais à mon mari et à mes filles. Cet autre mensonge dérivait du premier. Tout en feignant de n'en rien remarquer, Christophe savait que j'avais ma petite vie. Je crois bien que les filles le savaient également. Je dis « petite » vie car c'était minable de ma part, ces cinq à sept avec tel ou tel mec qui ne me respectait pas, et que je ne respectais pas davantage d'ailleurs. Je leur donnais à croire que tout cela me convenait, alors que non, bien entendu. Mais, plutôt que de dire « je ne suis pas heureuse », ce qui aurait forcément entraîné des demandes d'explication, ce qui aurait inévitablement réveillé les sujets qui fâchent, j'ai préféré utiliser de petites soupapes mesquines qui ne me soulageaient pas tout à fait, et faire comme si de rien n'était.

Mon troisième mensonge était plus intime encore, il était destiné à moi-même. Je feignais de croire moi aussi que tout cela m'allait : la vie avec un homme que je n'aimais plus, des liaisons superficielles, parce que, n'envisageant pas de quitter Christophe, n'ayant pas cette audace, je ne voulais pas prendre le risque de tomber amoureuse, et ne choisissais donc que de belles épaules avec un petit cerveau au-dessus, ce qui me laissait amère car je souhaitais tellement mieux. Mais je ne voulais pas me l'avouer. Plus le temps passait, moins je le voulais. Lorsque j'étais en terminale, je ne me souviens plus à quel propos, notre prof de philo nous avait parlé du type qui attend un bus qui ne vient pas. Plus il attend, moins il envisage de partir. Pas seulement parce que le temps qui passe le rapproche de l'arrivée du bus. Mais aussi et surtout parce que plus l'attente est longue, plus elle se viderait de sens s'il l'interrompait : il serait le con qui a attendu trois heures pour rien. Eh bien ! ma vie, c'est ça : celle d'une conne qui voulait de moins en moins en changer, pour pouvoir se dire qu'elle n'avait pas vécu comme une conne pendant cinq ans, puis dix ans, puis quinze ans, mais qu'au contraire elle avait choisi tout ça.

Qu'ai-je choisi ? Pas grand-chose, à part continuer ce qui était engagé. Je ne me suis bougée qu'à trente-huit ans en décidant de divorcer. C'est la seule fois où je me suis remuée, mais pas suffisamment ; je n'ai fait que la moitié du boulot, ou même pas. Je dégageais Christophe de mon quotidien, certes. Mais je n'y intégrais rien ni personne qui vaille la peine. Je me suis installée à Nice parce que j'aimais bien cette ville, mais je n'y avais aucun projet précis. Les premiers temps ont été occupés par des démarches matérielles : meubler l'appart, faire venir les filles, etc. Cédric m'avait dit qu'il me rejoindrait là-bas. Il le pouvait puisqu'il était commercial dans l'immobilier. Pendant près de deux ans, il venait régulièrement. Lorsqu'il a espacé ses visites, je me suis rendu compte que je m'en fichais, et sans véritable surprise puisque je savais bien que je n'étais pas amoureuse de lui. J'étais encore jeune, assez jolie, j'aurais pu faire une vraie rencontre. J'aurais pu reprendre des études, me trouver un petit job sympa dans une boutique, que sais-je encore. Je n'ai rien entrepris de tout cela et, chose curieuse, je n'y ai même pas songé. Les filles parties, il me restait les soldes à Paris, quelques copines et… et rien d'autre. Sans m'en rendre compte, j'étais déjà morte. Maintenant que je le suis pour de bon, je n'arrive toujours pas à trouver les clés.

Je constate simplement que je n'ai jamais donné un sens à ma vie. J'irai plus loin : je n'étais pas le personnage principal de ma propre existence.

MARGAUX

Je ne vois pas maman. Je fume ma clope, un peu planquée, en attendant que papa se libère. Je le regarde dans son costume sombre. Il fait encore jeune. Toujours plutôt pas mal. Je n'ai jamais sérieusement voulu savoir si mes parents avaient ou non été fidèles. Sans doute pas : qui l'est, en dehors des blaireaux qui ne plaisent à personne ?

Simon, c'était le prototype du mec fidèle. Marié depuis vingt ans à la même femme, trois gamins, et depuis aussi longtemps au moins, cadre puis cadre sup au LCL (il dit encore « le Crédit lyonnais »). Ce qui fait que mon histoire est seulement ordinaire au lieu d'être une complète caricature, bien qu'il soit très au-dessus de moi dans la pyramide, ce qui est normal vu mon âge et le sien, c'est que je ne dépends pas de lui hiérarchiquement. Mais tout de même, je m'en veux d'être tombée là-dedans, comme n'importe quelle idiote. Avant lui, je n'avais eu que des aventures de rien du tout. Au lycée j'avais craqué deux ou trois fois pour des mecs qui ne l'avaient jamais su, en général le beau gosse de la classe, puis, pendant mes études, j'ai couché de temps en temps avec tel ou tel garçon, pour faire comme tout le monde. Bref, lorsque j'ai intégré le LCL il y a un an, j'étais une ignare sur le sujet. Quand les ignares ont hâte d'apprendre, ils ont tendance à faire n'importe quoi. Car, il faut bien l'avouer, même si je suis clairement amoureuse de Simon, encore aujourd'hui et sans doute pour un certain temps, sortir avec lui était le dernier trip à envisager. Il n'est pas vraiment beau. Il a de la prestance, une assurance folle que je n'ai pas (j'ai du culot, ce qui n'est pas du tout pareil). C'est ce qui m'a frappée lorsque je l'ai rencontré dans l'ascenseur, au début de ma période d'essai. Il discutait avec Olivier, mon boss. Celui-ci nous a présentés. Nous avons poursuivi la conversation à trois pendant dix minutes, devant l'ascenseur. Simon n'a pas l'arrogance des chefs. Il est souriant avec tout le monde, sans donner envie d'être familier avec lui, loin de là ! Sur le coup, j'ai été flattée qu'un patron s'intéresse à moi parmi les petites nouvelles qui arrivent régulièrement. Jusque-là, je savais qui il était, mais lui ignorait tout de moi. C'est parce que j'ai été flattée que je l'ai kiffé direct. Une histoire de vanité complètement absurde, au départ. Toujours une histoire absurde aujourd'hui, pour d'autres raisons.

Après cette rencontre, je pensais souvent à lui. Cela aurait été difficile de l'oublier de toute façon, puisque nous nous croisions régulièrement. Il ne faisait pas semblant de ne pas me voir, comme la plupart des dirigeants de la boîte, et il se donnait la peine de me dire quelques mots. C'était sa façon de faire, c'est vrai. Si je ne me prenais pas ma tôle, je n'avais a priori pas de raison d'interpréter cela comme un signe d'encouragement, même s'il m'a avoué plus tard qu'il en avait lui aussi pincé pour moi dès le début. Ça a continué gentiment pendant deux mois. Et je me suis fait mon cinoche. Je trouve que la vie est assez chiante, de façon générale, et j'ai tendance à me jeter la gueule en avant dans des itinéraires en dehors des clous, en imaginant que ça va être rock and roll. Peut-être, mais il n'empêche que, quand c'est en dehors des clous, bien souvent il y a une bonne raison, et on déguste. C'est ce qui m'arrive, alors que je ne suis plus du tout une gamine bourrée d'idées toutes faites, comme Blanche et Lucie, si établies qu'elles soient dans leur vie de grandes personnes bien sages.

Je déguste, OK, mais je m'y attendais. Sérieux ! quand on sort avec un mec marié, on sait bien que ça va être galère. En plus, contrairement à beaucoup de filles dans mon cas, je ne veux pas que Simon divorce. Je dis ça… Si je creuse un peu : j'aimerais bien, mais je sais qu'il ne le fera pas, et je n'ai pas envie de courir comme une dératée après l'impossible ; c'est pourquoi je fais semblant de l'avoir décidé. Et ça marche. Je veux dire que je souffre moins que si je voulais le forcer à divorcer sans y parvenir car bien sûr, comme tous les hommes, sauf exceptions, il ne voudra pas affronter sa femme, ses parents, se mettre à dos ses gosses, alimenter la chronique people du LCL. L'autre côté positif de ce choix, de ce demi-choix, c'est qu'on profite de notre relation. Il n'y a presque pas d'engueulades, de stress, de rancœur entre nous. Les copines me disent que si ça me convient, c'est que notre histoire n'est pas importante. Si, on s'aime. On est juste un peu moins idiots que les autres. L'amour, c'est relatif. Un jour, je partirai. Il aura cinquante balais, *more or less*, et il se rangera des voitures. Ça ne voudra pas dire qu'on n'aura pas vécu intensément.

Clope finie. Papa n'a pas vu. Pas vu pas pris, lol !

PENDANT LA CÉRÉMONIE

ÉMILIEN

Patricia est sortie de l'église à l'arrivée du corbillard. Margaux nous a rejoints et nous sommes entrés avec les autres. Aubin est en retard, comme d'hab. Je n'ai pas pu parler à Christophe. Le corps d'Armande est maintenant devant l'autel.

Mon esprit vagabonde de nouveau. Lorsque je suis dans une église, je pense, je pense… Et, bien souvent, à des choses païennes. Là, je pense à Sylvie. Qu'est-elle devenue ? Au début des années 2000, un partenaire breton qui la connaissait m'avait appris qu'elle vivait à Brest avec les deux filles qu'elle avait eues de son second mariage, très vite après notre rupture. Comment vit-elle ? Vit-elle encore, pour commencer ?

J'ai failli tout quitter pour elle, et, vingt ans après, il ne reste plus rien. Je croyais qu'elle était la personne que j'avais aimée le plus, mais non. Si je me retourne, si j'analyse, je comprends que je l'ai aimée plus fort que les autres, mais pas davantage. Et ça n'a rien à voir. Comment expliquer ?

Depuis toujours, enfin peut-être pas depuis toujours, mais depuis que j'ai l'âge de m'intéresser à ces questions, je n'ai cessé de varier quant à ma définition du sentiment amoureux, ou de la relation amoureuse, pour en arriver, aujourd'hui, à la conclusion qu'il n'en existe pas : l'amour est celui qu'on rêve, ou bien celui qu'on vit. Lorsque l'on est avec quelqu'un, on n'a pas envie de se dire que ce n'est pas bien, donc on se persuade que l'amour, c'est cela et rien d'autre. Si un jour ce n'est plus possible, car la relation bascule dans un échec flagrant, on se surprend à rêver. Mais ce n'est pas un retour à une norme objective : le songe fluctue avec le temps, en fonction des déboires que l'on a subis et qu'on ne veut plus subir, de notre âge, et parfois de notre réflexion. Si une relation est très physique, on décide que c'est cela qui compte dans un couple, et que les histoires de goûts communs, par exemple, c'est un truc de vieux. Lorsque cette relation périclite, on va plaider que c'était la chronique d'une mort annoncée, car, ce qui dure, c'est la tendresse, le partage des objectifs, etc. Si une autre aventure se fait jour sous ces nouveaux auspices, on va être conforté dans notre nouveau prérequis. Et si cette autre relation s'effondre à son tour, on va dire que c'est normal, qu'on ne peut pas s'ennuyer dans un couple, qu'il faut du feu. Alors, on va revenir à l'approche précédente, ou à une troisième, et ainsi de suite. Jusqu'à ce que l'on admette que l'amour est moins une réalité qu'une idée. Cela ne signifie pas qu'il n'existe pas. Cela veut dire que, telles certaines créatures de fiction, il change de forme sans prévenir. Il est tantôt ceci, tantôt cela.

Mais, à bien y réfléchir, si on ne peut pas figer l'amour en un concept, on peut néanmoins définir dans les grandes lignes ce qui peut sinon en garantir le succès, du moins limiter les risques de mort prématurée. Car c'est bien la durée d'une relation qui nous rend humains, distincts des bêtes qui, si douées d'émotions soient-elles, s'inscrivent surtout dans l'instant, et dans l'instinct. Déjà, le temps fait beaucoup de dégâts. Alors, pour qu'un amour dure, il faut qu'il soit composite, avec beaucoup d'ingrédients, le plus possible, de sorte que la dégradation, voire la disparition de tel ou tel élément ne puisse être fatale. Et puis, selon moi, il faut au moins un truc très fort dans tous ces ingrédients, qui ne soit pas le sexe. Quoi ? Là, pour le coup, je n'ai pas envie de mettre des mots. Quelque chose qui fasse que la personne avec qui on est soit nécessaire. Quelque chose qui fasse qu'elle ait une importance majeure. Mais ça ne peut pas être le sexe. Sauf à admettre que l'amour puisse être éphémère, ce que je tends à exclure – je l'ai dit. Or le sexe, c'est l'instinct, puisqu'il est nécessaire à la reproduction, et, surtout, l'instant. L'acte lui-même, déjà, et la relation qui serait principalement fondée sur la répétition de cet acte. Pourquoi ? Parce que chez la plupart des hommes la pulsion sexuelle s'ancre dans la nouveauté, dans la découverte de cette nouveauté. Elle décline avec la connaissance du partenaire. Je dirais qu'elle décline au fur et à mesure que l'on construit un partage avec notre partenaire. Quand bien même ma relation avec Patricia eût-elle été torride à ses débuts, ce qui n'était pas le cas, je crois vraiment qu'elle n'aurait pas pu le rester. On développe une timidité sexuelle avec sa femme, avec la mère de ses enfants, et comment pourrait-il en être autrement ? Il y a du social dans une telle relation. Et qui dit social dit parcours convenu, inhibitions… Bref, tout ce qui est incompatible avec une relation sexuelle satisfaisante, qui se doit de ne pas être bridée. Donc il faut que l'amour soit ailleurs. Ce qui va bien souvent poser problème, c'est que parfois cet ailleurs ne va pas suffire à nous consoler de ce que nous avons perdu sexuellement. Alors, nous dirons peut-être que ça ne va plus, ce qui nous conduira à déplacer notre idée de l'amour vers une relation plus physique, qui nous fait défaut à ce moment-là. C'est exactement ce qui m'est arrivé avec Sylvie.

Je n'étais marié que depuis trois ans. Aubin et Margaux étaient nés. J'avais rapidement été infidèle. Je n'étais pas amoureux de Patricia, mais sans doute m'étais-je déjà profondément attaché à elle. Je l'avais épousée parce que j'approchais de la trentaine, parce qu'elle me plaisait, parce qu'elle était belle. Tout cela, pour moi, ce n'était pas vraiment de l'amour. Et puis, nous étions empotés au lit. Aucun des deux n'encourageait l'autre. Faute d'expérience peut-être, mais surtout faute d'alchimie dans ce domaine. Sans le décréter, j'étais disponible. On est venu me chercher. Sans quoi, je n'aurais franchi le pas que plus tard. Je ne me qualifie pas de beau. J'étais mignon, certainement ; charmant, peut-être. Cela a suffi pour que le destin et ses sbires conquièrent la fragile citadelle de ma vertu conjugale. Mon premier adultère fut subit, brutal. Je n'ai pas eu le temps de résister. Il y avait du sexe, beaucoup, mais pas que. Avec Sylvie, pareil : sauf qu'on n'a pas commencé par le lit. Mais nous n'aurions pas commencé du tout s'il n'y avait pas eu une attirance terriblement physique entre nous. Au départ il y a eu cette tension constante du désir inassouvi. Ensuite, il y a eu l'explosion des sens, longtemps bridés et enfin satisfaits. C'est pour cela que c'était fort. Comme c'était fort, nous avions l'illusion d'un grand amour qui, de mon côté, ne s'est dissipée que longtemps après que Sylvie m'eut quitté. Il y a encore quelques années, j'aurais dit que Sylvie avait été mon histoire la plus marquante. Je sais désormais que cela n'a pas été le cas. Visitée rétrospectivement, cette relation me fait mesurer que le sexe n'est pas l'amour, qu'il n'en est qu'une composante. Mais si le sexe tout nu n'est pas l'amour, il peut en donner l'impression.

Sylvie avait une petite entreprise à Rennes, à côté de la succursale que nous avons exploitée quelques années dans cette ville. Nous lui sous-traitions la mise en forme et la reprographie de documents. C'était l'anti-Patricia : brune, look décontracté (encore qu'avec les cheveux longs, mais coiffés sans apprêts), assez intello. Elle était libre comme l'air, puisque divorcée sans enfant. Je me suis passé le film « enfin quelqu'un qui me comprend » parce que, si nous nous attirions physiquement, nous étions construits de telle sorte qu'il nous fallait un second argument pour tomber dans les bras l'un de l'autre. Ce second argument ne pouvant être qu'intellectuel, ou plutôt sentimental, il s'est agi de tomber amoureux. Ce qui fut fait très rapidement. Et après ? Eh bien, après, le truc classique. Quelques jours par mois que nous sauvions de ma routine conjugale. Christophe n'allait pas ou peu à Rennes. Je n'avais personne pour me surveiller. Alors apéros, restos et nuits débridées. Cette histoire a duré trois ans. Mais si elle a duré aussi longtemps, c'est qu'elle était en pointillé. Le désir n'avait pas le temps de s'essouffler. Il se régénérait pendant nos séparations. Si j'avais quitté Patricia, cette affaire aurait fait long feu. Ce qui m'a sauvé (j'emploie ces mots aujourd'hui, même s'ils me font mal, encore maintenant), c'est que notre attirance avait malgré tout commencé à s'user et que le reste, qui n'en constituait que le prétexte, n'était pas assez dense pour nous fédérer. On appréciait tous les deux la littérature, les balades, etc. Mais, je l'admets désormais, ce n'était pas cela qui nous réunissait. Si nous nous disputions beaucoup, Sylvie et moi, ce n'est pas tant parce que je ne quittais pas Patricia que parce que nous nous en voulions de ne pas nous aimer assez. De cela, nous n'étions pas conscients. Ce qui nous liait était pulsionnel, donc fugace. Nous l'aurions voulu romantique, donc pérenne. Il y avait méprise sur la nature même de notre relation.

PATRICIA

En rang d'oignons. Moi, Margaux, Émilien, et bientôt Aubin. Il faudrait qu'il arrive maintenant. La cérémonie a commencé.

J'ai hésité à emmener Renaud. Mais il est mieux à la maison. Je lui ai expliqué que les enterrements, ce n'était pas fait pour un petit garçon, sauf s'il s'agissait d'une personne très proche, comme l'un de ses grands-parents. Et Renaud ne connaît pour ainsi dire pas Armande, puisqu'elle a quitté Christophe lorsque j'étais enceinte de lui. Tout au plus l'a-t-il croisée une demi-douzaine de fois.

Armande ne m'a jamais expliqué pourquoi elle avait divorcé. Lorsque j'ai essayé de la sonder, elle a éludé. Ce n'était pas habituel chez elle. Elle avait plutôt tendance à mettre les pieds dans le plat, à aborder frontalement les sujets dérangeants. Mais là, j'ai senti qu'elle ne voulait pas en parler. Alors, j'ai respecté. C'est ainsi qu'on a pu rester proches pendant dix ans. On ne se voyait plus beaucoup, mais toujours avec plaisir. On s'appelait une ou deux fois par mois.

Lorsque je me suis mariée, Armande et moi sommes tout de suite devenues amies. C'est bizarre, l'amitié. Je souffre vraiment d'avoir perdu Armande. J'ai beaucoup pleuré. Elle va me manquer. Elle et moi, nous nous sommes toujours coachées mutuellement. C'est moi qui lui ai fait connaître les grands couturiers, qui lui ai appris à s'habiller, à se coiffer ; elle avait presque l'air d'une ado lorsque je l'ai connue. C'est elle qui m'a aidée à m'affirmer davantage en me disant que j'étais belle, que tout le monde me regardait, et que ce n'était pas pour autant que j'étais bête. Pendant les vacances, je ne m'ennuyais jamais avec elle. Nous étions toujours d'accord sur le planning des enfants, les menus, les sorties. « Des futilités », diraient Émilien et Christophe. Ce qu'ils n'ont jamais compris ni l'un ni l'autre, et ce qu'Armande et moi savions, c'est que ce sont des détails qui font la vie belle ou moche en nous permettant de sauver les meubles. Parce que les choses importantes déçoivent toujours : on voudrait tous ce que la vie ne nous donnera pas.

Avec Armande, nous n'avions pas souvent de « conversations de fond », pour utiliser les mots d'Émilien. Ce n'est pas pour autant que l'on ne se connaissait pas très bien. Je peux parler des « conversations de fond », parce qu'il s'en est souvent tenu devant moi. En général, chacun y joue un rôle et attend que l'orateur s'interrompe pour reprendre son souffle afin de l'ouvrir à son tour et se faire mousser à ses propres yeux. L'empathie, la bienveillance n'y font que de rares incursions. Avec Armande, il s'agissait toujours de faire plaisir à l'autre, de la mettre à l'aise, et pas de se mettre en avant. Lorsqu'elle m'a inscrite d'office à un massage, dans notre hôtel de l'île Maurice, c'est parce qu'elle voyait qu'à plus de quarante ans je restais embarrassée avec mon corps. Elle, la femme libérée, ne m'a pas conseillé de coucher avec le moniteur de natation. Elle savait que ce n'était pas pour moi. Et, en effet, elle a eu une bonne idée, toute simple, agréable, mais que je n'aurais pas eue de moi-même. Je pense à cette histoire de massage parce que, mes souvenirs avec Armande, c'est ça. Une association de détails si l'on veut. Mais cette association nous plaisait et elle avait du sens.

Ce qui est curieux, c'est que le fait de nous voir aussi souvent pendant vingt ans ou presque nous a rendues très proches ; alors qu'avec nos maris, c'est le contraire. Je ne pourrais pas expliquer pourquoi. Bon, néanmoins, il y a une grosse différence entre Armande et moi de ce point de vue. Je ne parle pas du fait qu'elle trompait Christophe alors que je n'ai jamais trompé Émilien. La différence, c'est que je me suis éloignée d'Émilien mais qu'il n'est pas devenu un étranger, comme Christophe avait fini par le devenir pour Armande. Émilien reste clairement mon mari, l'homme de ma vie. Il m'a déçue, c'est vrai. Mais c'était lui, pas un autre.

Tenez, maintenant, il est à mon côté. Et c'est sa place. On le sait tous les deux. C'est cela qui fait un couple : se savoir à sa place l'un à côté de l'autre même si… c'est terrible de se l'avouer, cette place est loin d'être aussi ensoleillée que l'on voudrait.

Si j'ai pris du champ avec Émilien, ce n'est peut-être pas parce qu'il m'a déçue, en ne faisant pas pour moi ce qu'Armande a fait : comprendre mes points faibles, en tenir compte, composer avec, me donner des outils pour les combattre sans me brusquer. Je me suis éloignée de lui, de tous mes semblables, sauf d'Armande précisément, car elle était la seule à avoir compris que je ne redeviendrais jamais comme avant et que, pour qu'une partie de moi continue à vivre et, peut-être, je dis bien « peut-être », à être heureuse, il fallait admettre qu'une autre partie était morte.

ARMANDE

Je ne suis pas l'oiseau sur la branche dont je peux donner l'impression. Ce n'est pas parce que j'ai trouvé refuge dans le « pas sérieux » que je ne suis moi-même pas sérieuse. Non seulement je le suis, mais je suis grave. Patricia est beaucoup plus comme il faut que moi. Mais, et je ne dis pas cela méchamment, si elle est toujours aussi lisse, c'est parce qu'elle se concentre sur son quotidien ; parce qu'elle s'en contente, surtout. Et elle n'est pas la seule. Ils sont nombreux dans ce cas. Tiens ! Christophe, par exemple. Nous étions mal ensemble, mais, chez moi, je l'ai expliqué, c'était conscient. J'avais décidé, par défaut certes, mais décidé, que notre vie conjugale serait ainsi et pas autrement. Lui, il subissait sans comprendre. Il aurait certainement voulu que nous soyons plus proches. Eh bien, pendant toutes ces années, il n'a jamais pris l'initiative d'une conversation avec moi ! En fait, je crois qu'il avait peur de moi. Qu'il avait peur de dégoupiller une grenade. Je ne lui avais jamais dit que je savais. Pour moi, c'était mort. Mais je n'ai pas été cuirassée à 100 % jusqu'au divorce. À certains moments, sans doute, il aurait pu…

Bon, il a laissé courir. Il s'est contenté, lui aussi, du temps qu'il fait.

Je suis grave parce que j'ai toujours été dans une révolte sourde. C'est elle qui m'a fait sortir des sentiers balisés et, pour finir, amenée à quitter Christophe. Sinon j'aurais continué comme j'étais partie, bien gentiment. Ma révolte, ce n'était pas seulement contre Christophe, contre ce qu'il avait fait de ma vie. C'était plus général. Pourtant, vue de loin, j'étais une petite fille gâtée qui n'a jamais eu à se soucier de rien. J'avais tout fait pour qu'il en soit ainsi. Qu'est-ce qui m'a empêchée de terminer mes études ? Ou même de monter une petite affaire, une fois que les filles ont été scolarisées ? Ma paresse. C'est vrai, mais c'est plus compliqué que ça. J'aurais pu développer des envies plus fortes que ma paresse. Les revenus de Christophe m'ouvraient des possibilités que je n'ai pas explorées : travailler selon mes goûts, sans obligation de rentabilité, avoir un ou deux enfants de plus, faire du bénévolat. Si je n'ai rien fait de tout cela et, admettons-le tout net, presque rien fait en général après la naissance de Lucie, c'est parce qu'on m'a coupé les ailes. Je n'avais que vingt-trois ans, merde ! J'étais immature, superficielle, pas follement amoureuse de mon mari, mais je l'aimais tout de même, j'étais prête à entreprendre, à côté de lui, avec lui. Je l'affirme parce que j'en suis certaine. Quel intérêt aurais-je à jouer la comédie désormais ? Au lieu de ça, je me suis figée dans une immaturité définitive qui n'était que de surface : au fond du fond, non seulement j'étais mûre, mais j'étais pourrie. On pourrait me répondre que c'est un peu facile tout ça. Qu'on est responsable de sa vie. Que tout ne s'arrête pas parce qu'un conjoint a mis un coup de canif dans le contrat. Mais il y a coup de canif et coup de canif. Ce qu'a fait Christophe, c'était un choc, mais aussi une grosse, très grosse surprise, malgré tout. Si je n'avais pas vu, je n'aurais certainement pas imaginé. Je me suis dit : « Si ça, c'est possible, plus rien ne veut rien dire. » J'étais trop jeune pour rebondir parce que c'était déstructurant pour moi. J'étais fissurée après. En plus, je me croyais très forte de n'en parler à personne. C'était une erreur. J'aurais pu colmater en verbalisant. Au lieu de cela, j'ai somatisé. Ça encore, c'est parce que j'étais trop jeune. Et quand j'ai fini par réagir, j'étais trop vieille. La machine ne fonctionnait plus.

En définitive, Patricia est plus forte que moi. J'étais convaincue que c'était elle la naïve, qui ne se posait aucune question, et moi la maligne à qui on ne la faisait pas. Mais non, c'était l'inverse. Patricia a su cultiver son jardin. Certes, elle n'y a pas découvert les orties que j'ai trouvées dans le mien, et pourtant... Bref, elle l'a cultivé et ça a marché ! Ce n'était pas que de l'aveuglement parce qu'aujourd'hui encore, même après ce qui lui est arrivé, elle continue. Ça l'apaise, certainement. Et cela profite à Émilien, et à leurs enfants. Patricia fabrique du bonheur avec le matériau dont elle dispose. Au moins, elle essaie. Elle est généreuse. C'est peut-être aussi ça qui m'a manqué pour avancer dans la bonne direction : la générosité.

AUBIN

Armande, dans l'église, devant moi. Nous avons fait quasiment le même voyage. J'ai trouvé le moyen d'être en retard à notre dernier rendez-vous. Regard noir de maman et regard agacé de Margaux lorsqu'elle a ôté son sac de la chaise à côté d'elle pour me faire de la place. Mais est-ce encore d'Armande qu'il s'agit ? N'est-ce pas plutôt du corps d'Armande dans un cercueil, ce qui n'est pas du tout pareil ? Je ne suis pas très croyant. C'est maintenant que je vis. Quand je serai mort, je serai mort. *Carpe diem !*

J'aurais pu être à l'heure – très largement. C'est vrai que ce n'est pas ma spécialité. Je ne suis pas quelqu'un qui organise et qui planifie, comme Margaux. C'est plutôt sa nature, et à la banque j'imagine qu'elle est obligée d'être rigoureuse, voire stratège. Moi, à Grasse, j'ai un travail à faire, je le fais. Les Viguier regardent le résultat. Que j'arrive à huit heures ou à dix, que je parte à dix-neuf heures ou à dix-sept, ils s'en fichent. Et ça me va très bien, même si mon salaire n'a rien à voir avec celui de ma sœur.

Mais si je suis arrivé en retard à l'enterrement, ce n'est pas seulement pour des raisons de tempérament. J'ai traîné, tourné en rond, musardé parce que je n'avais pas envie de me retrouver devant l'église à parler d'Armande, à dire qu'elle était trop jeune pour mourir. La banalité me gonfle. Elle rejoint souvent la vérité, c'est vrai, puisque c'est notamment de la répétition des choses que surgit la banalité. D'accord, mais moi j'aime ce qui arrive, ce qui se dit là où on ne l'attendait pas, ou quand on ne l'attendait pas, ou bien, mieux encore, les deux à la fois. Or à un enterrement, ce sont toujours les mêmes propos, comme si tout le monde voulait consoler tout le monde, comme si chacun avait le même rapport avec le défunt, et un rapport super sympa, alors que c'est forcément plus compliqué. Et puis, je n'ai pas non plus envie d'entendre qu'Armande était comme ceci et comme cela. Inévitablement, je vais avoir droit à tout ça à la sortie de l'église et au pot (est-ce le bon mot?) servi chez sa mère, mais deux fois au lieu de trois, c'est déjà amplement suffisant. En plus, sans vouloir absolument me la jouer différent des autres, je suis certain que je ne vois pas Armande comme eux.

On voit une fille, une sœur ou une mère de façon toute particulière. Le lien efface les considérations de personnalité. Je suis sûr que Blanche et Lucie, toutes chiantes qu'elles étaient avec leurs parents quand elles étaient ados, ont déjà embaumé leur mère dans leur tête, comme James Dean ou Marilyn Monroe l'ont été par nous tous, parce que les stars mythiques font partie de notre famille. Quant à la mère d'Armande, c'est pareil, même si c'est en sens inverse, si je puis dire. Sa fille était le petit ange qu'elle est devenue. Pour les relations, pour les amis, il n'y a pas d'embaumement. Il y a autant d'Armande que d'individus. Moi, je veux garder mon Armande dans ma tête. Ce n'est peut-être pas la vraie. Mais ce n'est pas celle de sa famille, ni celle de mes parents ou de Margaux. C'est la mienne. Et je suis sûr que mon Armande est bien plus proche d'Armande tout court que ne le sont celles des autres.

Pour Margaux, Armande, c'était les jeux. Et c'est vrai que c'était la seule à vraiment jouer avec nous, à la montagne ou à Carrouges. D'accord, mais cette Armande-là avait disparu depuis un bon paquet d'années.

Pour les parents, qui en parlaient devant nous à mots couverts, j'ai compris qu'Armande était surtout vue par rapport à Christophe (elle le trompait – il n'y a que Margaux qui soutient n'avoir jamais rien vu, ce qui en dit long sur son sens de l'observation) ou par rapport à ses filles (dont elle ne s'occupait pas assez ou pas de la bonne façon). C'était des remarques sans méchanceté, car ils aimaient bien Armande, mais tout de même en mode jugement. Cela m'étonne un peu de maman qu'elle réduise une femme à une épouse ou à une mère, alors que c'est injuste et qu'elle devrait le comprendre pour avoir elle-même été bien souvent réduite à cela.

Moi, tout ça, je m'en fous un peu. Ce qui m'a toujours intéressé chez Armande, c'est qu'elle avait tout compris. C'est l'impression qu'elle me donnait. Elle savait faire ce que si peu de gens maîtrisent : observer les autres. Armande était un chat. Au bord de la piscine, les yeux mi-clos, elle nous écoutait, elle nous regardait. Si elle proposait un Scrabble ou un water-polo, ce n'est pas parce qu'elle y aspirait (elle perdait tout le temps), c'est parce qu'elle voyait qu'on s'ennuyait avant qu'on boude. Papa et Christophe, non : ils lisaient *Le Point* ou commentaient tel ou tel événement qui les intéressait, eux. Maman somnolait avec *Elle* posé par terre à côté de la chaise longue. Maman est attentive, attentionnée. Elle va nous préparer ce que nous aimons, elle nous soignait patiemment quand nous étions malades. Mais c'est (je ne dis pas cela de façon méprisante) l'attention de la lionne pour ses lionceaux. Armande avait un altruisme ciblé, réfléchi, raisonné. Ce qu'elle faisait à tel moment, elle ne le faisait pas à tel autre. Ce qu'elle faisait pour l'un, elle ne le faisait pas pour l'autre. Lorsque nous étions tous à nos devoirs de vacances sur la table en bois, ce n'était jamais elle qui nous coachait ou qui vérifiait ce que nous avions écrit. J'ai souvent entendu les parents ou Christophe râler à ce propos. Mais c'était elle qui voyait que ce n'était plus la peine d'insister avec l'un d'entre nous. Que ça devenait contre-productif. C'était moi le moins bon élève. J'étais à la traîne. Plus d'une fois, elle est intervenue : « J'emmène Aubin en courses. J'ai besoin de quelqu'un pour porter les paquets. – Pourquoi Aubin ? » demandait l'un des enfants. Elle bottait en touche avec cette légèreté bien à elle. « Je t'en pose des questions ? » répondait-elle avec un sourire désarmant qui dissuadait d'aller plus loin. Et elle n'observait pas que les enfants. Je donne un exemple. Un été, j'avais treize ou quatorze ans, elle m'a dit : « Ton père est triste, va donc lui parler. » J'ai su qu'elle disait vrai. J'y suis allé. J'ai été bien accueilli par papa. Je ne l'aurais pas vu de moi-même. Pour moi, c'était maman qui était triste. Papa, c'était papa, une constante, comme l'eau bleue de la piscine ou le pin parasol à côté.

Armande m'a appris à regarder les autres, sans doute parce qu'elle avait relevé, en m'observant, que j'avais un petit don pour ça. Je lui dois beaucoup.

Et puis, je suis convaincu qu'Armande est la première à avoir compris – pour moi.

PÉTRUS

Un papillon vole dehors. Ses couleurs sont belles. Je suis un peu triste.

CHRISTOPHE

Le prêtre nous a parlé d'Armande.

C'est le seul moment qui m'intéresse lors d'un enterrement, même si là je n'ai rien appris. Le père Loïc n'a fait que répéter ce que les filles, leur grand-mère et moi lui avons dit avant-hier. Il y a mis le ton. On pourrait croire qu'il connaissait Armande depuis toute petite. Personne ne va démentir car on retrouve dans son discours tout ce qu'Armande montrait. Cette vivacité d'oiseau exotique toujours sur le qui-vive. Au début, moi aussi je n'ai vu que cela. Sans doute, à l'époque, n'y avait-il que cela à voir. On ne s'ennuyait pas avec elle. Elle fait partie de ces personnes qui rendent amusantes les petits riens du quotidien : préparer un repas, faire une balade… Au début, elle me faisait rire. À la terrasse du Flore, lorsque je l'ai rencontrée, assise à la table à côté de la mienne, une de nos premières conversations a porté sur les gens qui passaient sur le boulevard, devant nous. Armande était méchante, mais elle l'était gentiment. Après, elle était comme cela avec nos amis, notamment avec Émilien et Patricia. Elle voyait toujours le petit tic drôle à caricaturer. Elle imitait Émilien avec son journal, ou Patricia refaisant son chignon. À un moment, elle est devenue méchamment méchante avec moi, alors qu'elle le restait gentiment avec tous les autres.

Armande, j'avais cru que j'aurais une vie facile avec elle. Une vie légère. Je me souviens que pendant les premières années tout coulait de source, était source de plaisir. On s'est mariés vite, on a eu Blanche tout aussi vite. Pas de débats, encore moins de disputes. Elle était enthousiaste lorsqu'on a décidé de monter la boîte. En juillet 1987, on a rédigé les statuts lors de nos premières vacances à Carrouges. Nos amis venaient juste de se marier. On avait loué dans cette bourgade du Var par hasard. Nous voulions être près de la mer, mais un peu en retrait. Cet été-là, nous n'avions que Blanche, qui avait sept mois. C'était le bonheur. Peut-être parce que personne ne mentait encore à personne. On ne peut être heureux que dans la pureté. Et nous étions purs. Chacun était à sa place, dans sa vie, dans sa relation avec l'autre. L'été suivant : même décor (Émilien et Patricia achèteront la villa en 1995), mêmes personnages, plus Aubin et Lucie dans le ventre d'Armande. Mais nous n'étions plus purs. Tout avait changé. Le serpent du mensonge s'était infiltré dans notre paradis terrestre. Nous ne le savions pas. Enfin, nous savions que le serpent était là, Émilien et moi. Mais nous pensions qu'il était compatible avec notre félicité. Nous étions dans l'erreur.

On se dit parfois : si c'était à refaire… Eh bien, si c'était à refaire, je recommencerais peut-être, mais je réfléchirais avant, et je serais plus attentif après.

ÉMILIEN

Armande, dans ce cercueil.

C'est elle, mais, en même temps, tellement pas elle.

Mon dernier défunt, avant elle, c'était Patrick. Et celui avant Patrick… Non, je ne veux pas y penser. Ou, plutôt, il n'est pas nécessaire que je convoque cet avant-dernier mort ici et maintenant, puisqu'il est avec moi en permanence.

Patrick mort, c'est comme Armande morte : tellement incongru. Mais je n'ai pas vu le cercueil de Patrick. Déjà, bien que l'un de ses amis m'ait prévenu de son décès, cela aurait été compliqué pour moi d'aller aux obsèques à Auberlé, dans l'Ain. Il aurait fallu que je me fende d'un bobard. Et les bobards, ce n'est plus de mon âge. En plus, j'aurais difficilement pu passer inaperçu. Je présume qu'il n'y avait pas foule à l'enterrement : Patrick n'était revenu en France que quelques mois auparavant, après plus de dix ans à San Francisco. Ses amis, à trois exceptions près, étaient là-bas. Sa famille, ici, je ne la connaissais pas. Il aurait fallu que je me présente. J'aurais dit quoi ?

Patrick, comme Armande, c'était la vie. Parce que le mouvement. Parce que la gaieté. Mais, pour lui aussi, une gaieté de surface. Il était romantique. Il n'a pas trouvé l'amour en France, alors il est allé le chercher aux États-Unis. Il l'a trouvé là-bas. Ça n'a pas duré aussi longtemps qu'il aurait voulu, mais tant que ça a duré c'était une vraie histoire. Et après, il est mort. C'est un raccourci de s'exprimer ainsi, car Patrick n'a pas quitté ce monde à cause de la fin de son histoire d'amour. Mais il est mort presque à ce moment-là. Ça, c'est tout Patrick : ne rien faire à moitié, ne pas vivre à moitié – et ne pas mourir à moitié.

Il avait trente-six ans. Armande quarante-neuf. Qu'auraient-ils vécu s'ils avaient vécu ? Qui seraient-ils devenus ? Ce sont peut-être ces questions qui sont les plus douloureuses. En même temps, ça leur va bien, à l'un comme à l'autre, de ne pas avoir vieilli. Vieillir, c'est transiger, et je ne peux m'empêcher de croire que, s'ils sont partis avant, c'était aussi pour ne pas avoir à transiger. Sans doute voulaient-ils un truc net. Une fin rapide, après une vie courte.

ARMANDE

Pourquoi Nice ?

Pourquoi Cédric ?

Déjà, suis-je la seule à m'interroger après coup sur ce que j'ai fait et, plus particulièrement, dans mon cas, sur ce que je n'ai pas fait ?

Vivante, cela m'arrivait de temps en temps. Pas si souvent que ça. Dans l'absolu, cela a un sens : faire un bilan qui permet de bifurquer, ou alors de continuer, mais avec de bonnes raisons. Moi, en général, après avoir réfléchi, je continuais. Non pas pour de bonnes raisons, mais par passivité, je l'ai déjà dit, ou bien parce que, un peu tête de linotte, j'oubliais parfois instantanément le fruit de mes réflexions lesquelles, il faut bien l'avouer, étaient fréquemment au ras des pâquerettes faute d'érudition – faute aussi de neurones suffisamment entraînés.

Morte, je continue à pratiquer l'exercice. Peut-être plus souvent. Cela n'a aucun sens pour un vivant. Mais il me semble que je réfléchis mieux qu'avant.

Pourquoi Nice ?

Pourquoi Cédric ?

Nice, d'abord.

Je connaissais la ville parce j'y avais mon amie d'enfance : Danièle. Ma seule copine à être restée célibataire – donc disponible pour moi, d'autant qu'elle n'avait plus de mec depuis longtemps, ce qui n'est pas neutre car, vous l'avez compris, je suis très attentive à ma petite personne. J'allais régulièrement voir Danièle soit seule, soit avec Christophe, soit avec une des filles ; jamais avec la famille au complet car elle vit dans un trois pièces. Danièle s'entendait à merveille avec tout le monde. Elle est un peu comme moi : toujours joyeuse. Sauf que, elle, c'est pour de vrai. Elle n'est pas célibataire par défaut. Elle n'était pas faite pour se marier et avoir des enfants. Elles sont plus nombreuses dans ce cas qu'il n'y paraît. Mais c'est toujours considéré comme un peu monstrueux chez une femme. Donc, le plus souvent, c'est refoulé, cela reste souterrain ; alors, *on fonde un foyer*, et, si ça ne va pas, ou pas très bien, on décrète que c'est la faute du conjoint, sans chercher plus loin ; c'est-à-dire sans se remettre en cause. C'est peut-être ce que j'ai fait. Cela dit, je ne sais pas si j'aurais pu m'assumer comme Danièle, qui bosse beaucoup. Mais elle adore son métier d'archi, elle s'éclate. Et lorsqu'elle sort de son cabinet, elle s'éclate encore : bars, restos, cinés, théâtre. Rien à voir avec la laissée-pour-compte en jogging devant la télé, son chat castré sur les genoux. Pourtant, avant, je croyais que Danièle passait à côté de l'essentiel. Mais lorsqu'on allait chez elle, c'était la fête, c'était les vacances : pans bagnats sur la plage, petits farcis dans le vieux Nice, bronzette et baignade… Dans ma tête, Nice, c'était ça. Je voulais changer d'air. De la même façon que l'on s'imagine autre une fois mort, on s'imagine autre ailleurs, alors que l'on ne fait que se transporter tel qu'on était. Et puis je me voyais mal prospecter toute seule dans une ville où je ne connaissais personne. Laquelle, d'ailleurs ? En outre, je me suis dit que cela serait pratique pour aller à Courchevel, où j'avais le chalet. Les filles ont été faciles à convaincre, en dépit du chagrin de vivre loin de leur papa. Elles avaient la même vision de Nice que moi. À l'âge qu'elles avaient (seize et dix-huit ans), c'était naturel. Cédric avait l'air enchanté. J'ai pris conscience ensuite que le fait de m'avoir à distance n'était peut-être pas entièrement pour lui déplaire. Danièle m'a déniché le petit appartement qui va bien, pas loin du cours Saleya. Patricia trouvait que c'était une bonne idée mais, pour elle, c'était uniquement une réaction sentimentale, puisque c'est là qu'elle a fait ses débuts avec Émilien. À la rentrée 2005, nous nous sommes installées. Blanche était inscrite à la fac de Nice, Lucie en terminale.

Je ne dirais pas que j'ai vécu ce qu'aurait vécu un Parisien qui aurait passé des vacances à Honfleur et décidé de s'y établir à l'année, la retraite venue, pour y découvrir les joies de la morte-saison, mais il y a tout de même quelque chose de cet ordre. J'étais à Nice désormais, certes. Mais pas en vacances. Au début, c'était très sympa. Il y a eu une période d'enthousiasme. Pour la première fois depuis longtemps, j'avais beaucoup de choses à faire : découvrir la ville, meubler et décorer l'appart. Je me suis fait deux autres copines, et, au début, en amitié ou en amour, il n'y a que du bon. Et puis, la bise venue, vers janvier, j'ai presque déprimé. Je dis « presque » non pas parce qu'il n'y aurait pas eu matière à déprimer carrément, mais parce que ce n'était pas mon habitude. Je voyais bien Danièle, Caroline et Adélaïde régulièrement, mais pas tous les jours, loin de là, puisqu'elles bossaient. Les filles se sont fait des copains. Souvent, j'étais seule, même le soir, même le week-end. Bien que je ne sois pas une cérébrale, la question du sens s'est posée assez rapidement. Et encore davantage deux ans plus tard, lorsque les filles sont remontées à Paris poursuivre leurs études. Elles avaient envie de découvrir la vie étudiante dans la capitale et aussi, je pense, de retrouver leur père. Je n'ai pas trop osé les sonder. Je n'ai pas pris le risque d'entendre des choses qui auraient pu me faire du mal. Dans l'intervalle, j'avais cessé de voir Cédric.

À quarante-deux ans, je me suis retrouvée dans une vie qui ne me convenait pas, comme avant avec Christophe. La différence, c'est qu'avec lui il y avait des choses précises qui justifiaient mon mal-être. Désormais, celui-ci était nourri par ce qui me faisait défaut. Mais est-ce vraiment différent ?

Cédric, maintenant.

Entre le moment où j'ai quitté Christophe et celui où je me suis installée à Nice, il s'est écoulé à peu près un an. Dans l'intervalle, j'ai loué un appartement meublé à Paris. Les filles étaient tantôt chez leur père, tantôt chez moi, le plus souvent pour le week-end. J'étais passée par une agence. Et plus particulièrement par Cédric, qui était le commercial chargé du dossier. Vous me voyez venir. C'était le type de garçon qui me plaisait : (beaucoup) plus jeune que moi (vingt-neuf ans), et très beau. Cédric était un fantasme sur pattes : des yeux verts, très grand et un joli corps de sportif. J'étais déjà sortie avec plusieurs garçons comme lui. Je lui ai fait de l'œil et il ne pouvait pas ne pas savoir que je vivais seule puisqu'il avait tout mon dossier de future divorcée. Bref, on a tout de suite couché ensemble. Mais j'ai fait une erreur. Je me suis trompé de critères, comme pour Nice. J'ai cru que le mec qui m'aurait parfaitement convenu en prêt-à-consommer pour des vacances me conviendrait aussi pour partager ma vie. Je me suis même un tout petit peu projetée en me disant que, s'il lui fallait un gosse, je lui en ferais un. C'était encore envisageable. Patricia s'y était bien recollée à quarante-trois ans.

Au début, Cédric venait presque tous les week-ends. On rigolait avec les filles. On faisait l'amour. C'était très sympa. Il disait vouloir me rejoindre. Mais il n'était pas pressé. De moins en moins pressé. Et moi pareil, parce que, sans me l'avouer, je m'emmerdais avec lui. Christophe était un élément essentiel d'une vie qui me blessait. Cédric était un élément secondaire d'une vie qui m'emmerdait. Je ne gagnais pas vraiment au change. À dix-huit ans, j'étais tombée amoureuse d'un intellectuel. À quarante, je réalisais que je ne pouvais pas rester avec un mec qui ne connaissait rien à rien. Avec un mec comme moi, finalement.

Un jour, Cédric s'est décommandé. Moins d'un mois plus tard, il a récidivé. Lorsqu'il m'a avoué, au téléphone, qu'il avait rencontré quelqu'un d'autre, je lui ai tout de suite rendu sa liberté. Il s'est montré reconnaissant envers ce qu'il interprétait comme de l'élégance de ma part. En fait d'être élégante, j'étais purement et simplement soulagée.

CHRISTOPHE

De quoi parle le prêtre? Des vivants et des morts. Je n'écoute plus. Il ne s'agit plus d'Armande en particulier.

En fait, je m'en rends compte maintenant, cela fait bien longtemps que j'avais renoncé à elle : bien longtemps avant qu'elle meure – et bien longtemps avant qu'elle me quitte.

Si je regarde bien, je n'ai fait que renoncer dans ma vie.

En 1991, j'ai renoncé à l'adultère. Là, c'était conscient. Je croyais que j'en avais fait le tour. Et puis, le mensonge ne me convient pas. Émilien a beaucoup menti, à Patricia et aussi à lui-même, sans doute. À l'époque, je n'avais pas eu l'impression d'une perte. Je me représentais ma décision de façon positive : je *choisissais* de me consacrer à ma femme et à mes filles. Seulement, ma femme n'était plus là; plus vraiment. Alors, j'ai renoncé à la retrouver telle qu'elle était. J'ai décidé que c'était normal. C'était admissible qu'on ne se câline plus, que l'on ne discute plus, etc.

À Carrouges, à Courchevel, à Maurice, j'observais Émilien et Patricia. Je croyais voir qu'ils fonctionnaient comme nous. C'était normal. Sauf que ça ne l'était pas. D'ailleurs, nos amis ont toujours beaucoup plus et beaucoup mieux communiqué qu'Armande et moi. Mais je ne voulais pas que cela existe. De mes observations, je ne retenais que ce qui m'arrangeait.

Pourquoi n'ai-je pas retrouvé mon Armande ? Je ne crois pas qu'elle ait jamais rien vu. J'avais toujours été très discret. En réalité, j'ai renoncé à le vérifier. Je n'ai pas voulu l'interroger. Là encore, je n'ai pas voulu me donner l'occasion d'être contredit dans ce que j'avais décidé : tout allait bien.

Après, j'ai renoncé à m'interroger moi-même, à me demander si j'étais heureux. Je ne l'étais pas. Mais, ça encore, je ne voulais pas le savoir. Je pratiquais la méthode Coué.

Si je fais le bilan de ces deux dernières décennies, il y a eu quoi ? Le boulot, les filles, Émilien (mais Émilien, c'est beaucoup le boulot)...

J'aurais dû divorcer bien avant qu'Armande le décide, ou alors essayer de la reconquérir.

Ce qui est curieux, je ne me l'explique pas vraiment, c'est que j'ai continué à renoncer après son départ. Si j'exclus l'épisode de 2004. Mais, ça, c'était, comment dire, un coup de folie, une parenthèse enchantée, pas le début d'une nouvelle vie – je l'ai su dès le départ. Et puis je ne l'avais pas décidé. C'était venu à moi et je m'étais laissé faire. Après, le calme plat. J'ai renoncé à rencontrer quelqu'un. Je me suis installé tranquillou dans mon nouvel appartement, en vieux célibataire. Pas de site de rencontres, pas de sorties dans les bars ni d'aventures. La vie d'avant, en plus petit : sans Armande, puis sans les filles, sans Courchevel, puis, rapidement, sans Carrouges. J'y suis allé seul une fois, après le divorce. Mais c'était triste. Tout sonnait faux.

À bien y réfléchir, si j'ai autant renoncé c'est par lâcheté, par peur de souffrir. Lorsque j'ai vu Émilien en larmes, à plus de quarante ans, parce qu'on l'avait plaqué, je me souviens m'être senti satisfait de ne plus pouvoir me trouver dans ce genre de situation.

Je me suis gouré. On ne vit pas mieux en se mettant sous cloche. On vit moins bien, au contraire. On vit moins bien parce qu'on vit moins.

ARMANDE

Patricia est très loin d'être une conne et sa naïveté, quelque part, est sans doute mâtinée d'opportunisme.

La première fois que j'ai vraiment pensé à elle, dans toute notre histoire, c'était à un concert. Entre la naissance de Lucie et celle de Margaux. En 1989, sans doute; peut-être début 1990. Le concert, c'était pour une œuvre de charité : les orphelins de tel pays, ou les mères célibataires de tel autre, je ne me souviens plus. Je ne me souviens pas non plus où c'était : à la maison de l'Amérique latine ou à la Cité universitaire, ou bien dans un autre endroit comparable ? Peu importe. On était tout le temps invités à ce genre de sauteries par des clients de la boîte, ou l'inverse. C'était une soirée habillée. Cela, je me le rappelle très bien. Comment j'étais moi ? Oublié. Comment était Patricia ? Pas oublié du tout.

Elle avait un chignon incroyable, genre Eva Perón à sa grande époque. Elle portait une robe en soie japonisante, une espèce de kimono avec des oiseaux, des fleurs et des ramages dans différents tons de bleu, de vert, de jaune : saphir, émeraude, safran… Une autre aurait été ridicule avec un tel attirail. Eh bien, tout le monde la regardait ! Pas parce qu'elle était ridicule, Patricia ne *peut pas* être ridicule, mais parce qu'elle était superbe. Je n'ai peut-être jamais vu une femme aussi belle que Patricia ce soir-là. Je veux dire, dans la vraie vie. Je ne parle pas des films et des magazines.

Une demi-heure après être arrivés sur place, nous étions assis dans la pénombre. Seul l'orchestre était éclairé. Il nous infligeait de petits airs sournois de musique de chambre. Je m'emmerdais au-delà du possible, comme la plupart des gens, sauf que les autres se seraient fait couper en quatre plutôt que de l'admettre alors que moi, dans ces situations, une fois la corvée avalée, je ne me privais jamais de faire connaître mon ennui, au grand dam de Christophe qui y voyait une forme de snobisme à l'envers. Je m'emmerdais. Je regardais alternativement ma montre, dont les aiguilles semblaient prises dans de la glu, et un des musiciens, plutôt mignon, qui avait mon âge. À un moment, j'ai cru le voir me sourire avec ironie. Il avait l'air de me dire : « Tu te fais bien chier, hein, ma chérie ! » Je lui ai rendu son sourire, mais il a détourné les yeux. Un peu plus tard, j'ai observé Émilien, qui était assis deux rangs devant Patricia et moi, à côté de ses clients. Il lui tenait la main ! Certes, il faisait sombre, et sans doute pensait-il ne pas pouvoir être vu. Mais moi, je l'avais bien remarqué. Alors, pourquoi pas Patricia ? Patricia regardait droit devant elle. Elle regardait les musiciens. J'ai été tentée de lui toucher le coude, pour lui montrer l'impensable (pour elle). « Je suis malheureuse, et toi, ma vieille, sois-le aussi ! » Je ne l'ai pas fait. J'aimais déjà beaucoup Patricia. Je ne voulais pas qu'elle souffre. Et puis j'ai eu peur des conséquences. Je ne crois pas qu'à l'époque elle aurait réagi comme moi. Je crois qu'elle aurait demandé le divorce.

Avec le recul, je pense vraiment que Patricia n'a rien vu même si, sur le moment, je m'étais demandé si elle n'avait pas choisi de ne pas voir.

Beaucoup plus tard, j'ai essayé de la sonder, en faisant allusion à d'éventuels coups de canif de nos maris dans leur contrat. Elle rigolait ou bien haussait les épaules. Manifestement, elle n'y croyait pas. En tout cas, elle avait décidé de ne pas s'intéresser au sujet.

On dit toujours que faire l'autruche n'est pas une bonne solution et qu'il faut affronter courageusement les démons que la vie met sur notre route : les nôtres, et ceux des autres. Je n'en suis plus trop certaine. Si je n'étais pas allée vérifier ce que l'on m'avait dit sur Christophe, comment aurais-je vécu ? Probablement à peu près comme Patricia, c'est-à-dire beaucoup mieux.

Pour construire avec quelqu'un, contrairement à ce que l'on pourrait affirmer trop rapidement, sans doute vaut-il mieux l'imaginer en partie comme celui que l'on voudrait qu'il soit, plutôt que de vouloir le disséquer comme un animal de laboratoire. On est attiré par une belle image. On ne l'est pas par des viscères.

ÉMILIEN

L'autre soir, Patricia était couchée, et je regardais une émission sur les années 1980. Un de ces programmes que personne n'avouera jamais avoir choisi. Sur lesquels on tombe soi-disant par hasard, en zappant… Comme toujours, l'émission elle-même était du zapping. Machin parlait pendant vingt secondes de Machine, puis Untel pendant dix-sept secondes d'Unetelle. Ceux dont on parlait, pour la plupart, étaient morts : Coluche, Michel Berger, Barbara, Georges Marchais, Charles Pasqua, Laurent Fignon, Cavanna, etc. Certains étaient morts jeunes, d'autres à l'âge de mourir. Ça m'a fait un choc. Je n'avais pas réalisé. J'ai vu, on m'a assené que beaucoup des gens qui faisaient partie de notre univers à l'époque de ma jeunesse, lorsque j'avais vingt ou trente ans, n'étaient plus de ce monde. Je me suis dit : « Déjà ! » Parce que je sais bien que cela ne va pas s'arrêter, bien au contraire.

Parmi mes proches, il y a de plus en plus de disparus aussi : le grand Jehan, Patrick, et maintenant Armande. Sans parler du décès qui m'a le plus touché, bien entendu.

Est-ce que c'est cela aussi, vieillir ? Bien sûr que oui. Ça fait partie du voyage. Au bout d'un moment, si on est vraiment très vieux, tout le monde est mort. Il faudrait éviter de se retourner pour contempler le chemin parcouru, je pourrais dire révolu, car cela nous gâche celui qui reste à parcourir, si charmant soit-il. Dans mon cas, sauf accident, ce chemin est encore long. Je n'ai que cinquante-six ans. Aujourd'hui, on n'est pas vieux à cet âge. Alors il faudrait réagir. Mais je ne vois pas très bien comment.

C'est délicat d'aborder ce sujet. On est immédiatement un plombeur d'ambiance. Donc on n'en parle pas. On fait comme si ça n'existait pas. Je dis « on » parce que j'imagine que je ne suis pas le seul à avoir ces idées-là.

C'est vers cinquante ans que l'on passe du mauvais côté de la montagne. À quarante ans, les enfants sont encore petits, on est encore mince, on développe son business. À cinquante ans, ou à cinquante-cinq ans, vous avez des enfants qui sont de jeunes adultes (donc vous ne pouvez vraiment plus vous dire que vous êtes jeune vous-même), vous avez un petit bidon, l'ovale de votre visage est moins ovale, vous gérez prudemment les acquis, etc. Patricia, Christophe ou moi, on s'en sort pas mal. Mais on ne peut plus dire de nous qu'on a un beau corps, comme il y a encore dix ans. Même si je lutte, si je persiste à faire un peu de muscu et à aller à la piscine, j'ai un début de ventre, mes épaules s'affaissent, mes pectoraux fondent. Christophe reste bien. Il a toujours ses beaux cheveux dorés – ils sont seulement moins uniformes. Mais cela fait des années que je ne l'ai pas vu en maillot et il a dû malgré tout bien changer, lui aussi.

Il va donc falloir admettre que, bientôt, on ne pourra plus séduire physiquement. Peut-être que c'est déjà le cas. Et c'est douloureux. Ça peut sembler futile, mais ça ne l'est pas tant que cela. C'est en séduisant que l'on se fait aimer. Quand on vieillit, c'est donc de plus en plus difficile de se faire aimer.

Dans l'émission sur les années 1980, le chanteur Dave disait que la vie était bien faite, parce qu'on plaisait de moins en moins, mais que l'on avait aussi de moins en moins de besoins. Il parlait essentiellement de besoins sexuels, mais son propos était plus large. La théorie est rassurante. Je ne suis pas certain qu'elle soit exacte. À mon avis, on s'adapte à une situation que l'on déplore pour finir par se persuader qu'elle nous convient.

Lorsque Renaud est né, je suis devenu fidèle. Je m'y suis tenu depuis. À l'époque, je me racontais que je faisais un retour aux fondamentaux, que je me débarrassais des parasites qui pouvaient m'en distraire. Et que les fondamentaux, c'était Patricia – et les enfants.

Bon, Patricia est importante, c'est vrai. Je suis sincère lorsque je me dis cela, sinon je ne me le dirais pas dans cette église. Mais est-ce vraiment parce qu'elle est importante que j'ai cessé de la tromper ? N'est-ce pas aussi, surtout, pour ne pas m'exposer au risque d'un refus ?

Pour bien vieillir, il faut beaucoup réfléchir, pour trouver d'autres trucs, se réinventer, réinventer les relations avec ceux qu'on aime, et d'abord avec sa femme.

Sinon, on va dans le mur.

MARGAUX

Je suis en colère.

Tout le monde se la joue mégarecueilli. Si on me regarde, j'ai certainement cet air-là aussi. Pourtant, je bous.

Armande est morte. On est tous là en mode enterrement, style « c'est triste, mais la vie continue ». Oui, elle continue, mais plus pareille, moins belle. Et encore, ce n'est pas ma meilleure amie, ce n'est pas ma mère. Si c'était ma meilleure amie ou ma mère, ce serait pareil. Il faudrait accepter, et la fermer alors qu'on a envie de hurler.

Tout à l'heure, je me disais que mon histoire avec Simon, finalement, ce n'était pas si mal. Que j'y trouvais mon compte. Maintenant, je ne sais pas si c'est d'avoir un cercueil devant moi, je me dis que non.

Simon m'aime, OK. Je l'aime, OK. Je ne discute pas ça. Mais ma situation n'a rien à voir avec la sienne. Quand il est disponible (une nuit, parfois ; un week-end, une fois), je le suis aussi. Quand il m'appelle, je décroche. Il est le numéro un dans ma vie.

Je ne suis pas le numéro un dans la sienne. Il y a sa femme. D'accord, il dit qu'il ne l'aime plus. Mais c'est facile à dire.

C'est avec elle qu'il dort et qu'il fait des projets. Il y a ses trois enfants, dont il parle continuellement. Et depuis quelques semaines, il y a sa mère. Elle a soixante-seize balais et elle est déjà au bout du rouleau. Une mauvaise chute dont elle ne s'est pas remise a réveillé des pathologies négligées pendant des années. Malgré les explications que Simon m'a données, je ne peux pas être plus précise : les vieux et leurs maladies sont les derniers sujets qui m'intéressent. Il l'a rapatriée dans un studio qui lui appartient, en dessous de chez lui. Quand il rentre le soir, il s'assure qu'elle a tout ce qu'il lui faut. Il s'occupe de ses problèmes de mutuelle. Il lui prend ses rendez-vous chez le kiné, chez le dentiste, au labo, et bien souvent il l'accompagne. Plus il en fait, moins la mère, qui n'a jamais été un foudre de guerre, se bouge. Même sa femme s'en plaint. Que devrais-je dire alors ?

Je ne dis rien. Je rumine. Parce que je ne veux pas être une hystérique. Parce que je veux être une fille cool. Parce que je ne veux pas qu'il pense que pour moi il est le centre du monde. Mais surtout parce que je ne veux pas le perdre. Et je sais que, comme tous les mecs, si ça devient compliqué il partira.

Pourtant, je me dis, merde, je n'ai que vingt-trois ans ! Sa mère en a près de quatre-vingts. Certes, on peut se dire que le peu de temps qui lui reste doit être du bon temps. Mais ce n'est pas le cas. Il ne s'agit que de mois, d'années tout au plus, qu'on arrache à la mort et qui ne servent à rien. La mère de Simon somnole bouche ouverte devant la télé. C'est vivre ?

L'autre jour, on s'est tout de même un peu engueulés au téléphone. Simon s'était décommandé à cause de sa mère

(« maman », me dit-il comme un gamin). J'ai rué dans les brancards. Il m'a dit que je réagirais différemment s'il s'agissait de ma mère. Déjà, j'ai horreur qu'on m'explique comment je réagirais dans telle ou telle situation hypothétique. Moi-même, je n'en sais rien. En plus, il est gonflé de comparer nos génitrices. La mienne s'est toujours bien occupée de son foyer et de ses enfants. La sienne, d'après ses propres mots, s'est toujours foutue de tout (maison pas entretenue, gosses avec la bride sur le cou – d'ailleurs, sur les quatre enfants, seul Simon a fait des études et réussi dans la vie). Mais tout ça, je ne l'ai pas dit. En revanche, quand Simon a conclu avec solennité en disant « on a qu'une mère », j'ai explosé : « Heureusement que tu n'en as pas deux ! » Il n'a pas apprécié.

On peut se jouer l'air qu'on veut, mais n'empêche : ce qui n'est pas équilibré ne peut pas être heureux.

ÉMILIEN

C'est une bénédiction. Du coup, je ne me distinguerai pas en m'abstenant de communier : s'il s'était agi d'une messe, Patricia aurait certainement communié, et sans doute Aubin et Margaux aussi, même s'ils s'en foutent probablement un peu.

Cela fait longtemps que je ne communie plus. Patricia ne pose pas de question. Il me semble bien qu'on a dû en parler une fois. J'ai dû lui dire que, pour ce sacrement, j'avais besoin de me sentir dans un état particulier qui ne venait pas sur commande. Au bout d'un moment, je suppose que c'est devenu un fait acquis : Émilien ne communie pas.

Cela remonte à 2001. À ma liaison avec Patrick.

J'avais quarante-deux ans. Pour moi, à ce moment-là, l'homosexualité, c'était la jeunesse. Ma jeunesse; au moins une partie de cette jeunesse, qui était révolue mais que je voulais faire revivre. J'ai donc couché avec Patrick de la même façon que, plus tard, j'ai voulu être père de nouveau.

C'est vrai, il n'y avait pas que cela. J'ai de nouveau eu envie de cette sexualité. Très jeune, je niais ma composante homosexuelle. Plus tard, je l'ai admise, mais je la voulais accidentelle.

C'était l'exception qui confirme la règle. À l'époque de Patrick, je me voyais encore comme un hétéro qui fait de rares incursions dans une autre sexualité. Il m'a fallu atteindre la cinquantaine pour admettre que, physiquement, je préférais les hommes, tout en pouvant être attiré par une femme. J'ai été terriblement attiré par Sylvie. Mais bon, c'était moins bien qu'avec Patrick.

Ce qui m'a surtout plu dans les rapports entre hommes, c'est cette liberté que l'on n'a pas avec les femmes, avec la sienne en particulier. Le sexe peut s'y exprimer à l'état brut, libéré de la gangue du romantisme, de la relation normée. Sans doute parce qu'il n'est pas *naturel.* Il n'y a pas de mode opératoire. On peut et on doit tout inventer.

Aujourd'hui, j'aurais le courage de me situer dans une échelle entre hétérosexualité et homosexualité, mais je n'en aurais pas envie. On est celui qu'on est, un point c'est tout. Je suis enfin venu à bout de mon souci de définition.

Christophe n'a jamais su pour moi et Sylvie. Il n'a pas entendu parler non plus des deux ou trois femmes que j'ai brièvement fréquentées, à une époque où l'infidélité était une composante nécessaire de ma vie. Mais il a su pour Patrick, qui était notre stagiaire, et avec lequel il m'a surpris au bureau en train de fricoter. Il l'a très mal pris. Patrick a dû partir. Ensuite, on a continué à se voir ponctuellement pendant près d'un an. Lorsqu'il a pris un boulot à Bellegarde, à côté de son village natal, j'ai trouvé le moyen de le rejoindre non loin de là, le plus souvent dans telle ou telle station de ski. Il y avait du sexe, certes, mais il y avait surtout la liberté, même en dehors du sexe – et la jeunesse. Au bout de quelques mois, l'important n'était plus le corps bodybuildé de ce garçon de vingt-trois ans, ni ce que nous faisions ou ne faisions pas ensemble (d'ailleurs, assez vite, c'est devenu très *soft* entre nous), mais nos fous rires et la musique que nous mettions à fond dans ma voiture. Et puis je l'ai aimé. Quand il m'a quitté brusquement, sans rien me dire, pour s'installer à San Francisco, comme je l'ai appris après par le détective que j'avais mandaté, j'ai été désespéré. Christophe m'a compris et soutenu. J'ai vu là toute la grandeur de Christophe. C'est lui qui m'a aidé à récupérer. J'ai beaucoup pleuré parce que, oui, c'était un chagrin d'amour, mais j'ai beaucoup pleuré aussi parce que je savais qu'après Patrick je ne vivrais plus rien de tel. J'étais trop vieux pour faire semblant d'être jeune, sauf à être pathétique. Il me fallait passer ce cap.

J'ai beaucoup appris sur moi avec Patrick. Avant lui, je croyais que je trompais Patricia parce qu'elle ne bouquinait pas et qu'elle ne s'intéressait pas à mon travail. J'ai comblé ce manque avec Sylvie, qui était un peu intello sur les bords. Avec Patrick, j'ai certainement comblé d'autres manques, mais pas celui-ci : il se foutait des bouquins et du reste encore plus que Patricia ! Finalement, on ne cherche pas mieux avec quelqu'un. On vit une histoire. Peut-être différente de ce que l'on a connu avant, mais pas forcément si différente que ça. Il ne faut pas chercher d'explications. Une rencontre est une rencontre.

Alors même que j'avais fait le deuil de Patrick, il y avait une question qui me turlupinait : s'il m'a quitté, est-ce parce qu'il ne m'aimait plus autant que je l'aimais ? Je m'étais dit qu'il avait tranché dans le vif, en sachant qu'il n'avait pas d'avenir avec un père de famille qui avait près de deux fois son âge, et que la fougue de sa jeunesse lui avait permis de renoncer aux compromis de l'âge mûr. Mais il ne s'agissait là que de mon analyse. Pendant un temps. Pendant plus de dix ans.

Il y a huit mois, mon téléphone a sonné. Un numéro inconnu. C'était Patrick. Il avait changé de numéro en s'installant aux États-Unis. Moi pas. Pendant plusieurs secondes, mon cœur a bondi. Et puis, pas le froid, mais le calme : il n'y aurait plus ce que j'avais eu avec Patrick – autre chose, peut-être.

Et il y a eu autre chose. Peut-être bien de l'amour, toujours. Un autre amour. Pendant quelques heures. Autre chose de bien.

ARMANDE

Ma mère, je la vois sonnée par ce qui lui arrive. On entend tout le temps qu'« il n'y a rien de pire que de perdre un enfant ». J'ai souvent entendu prononcer cette phrase avec l'air solennel qui convient. Ceux qui ne l'ont pas prononcée se croient alors obligés de prendre le même air, et il y a en général, après, un silence de quelques secondes. J'ai plus d'une fois failli réagir – pas ces dernières années… Il y a encore deux ou trois siècles, au moins la moitié des enfants mouraient avant leurs parents. Que faisaient ceux-ci ? Ils se jetaient dans la rivière ?

Je ne dis pas que ce n'est rien de perdre un enfant. Bien sûr que non. Je dis que l'on est conditionné pour multiplier ce drame par cinq ou six, alors que je suis convaincue qu'il pourrait se dépasser plus rapidement et plus facilement.

Mon frère est forcément moins touché. Nous n'étions pas complices. Je l'avais choisi comme parrain de Lucie surtout parce que je craignais que Christophe ne propose Émilien (lequel, heureusement, n'a pas demandé à Christophe d'être le parrain de ses propres enfants). Maxence vit en Nouvelle-Calédonie depuis vingt ans et ne revient que rarement en métropole. Là, il est venu. Il ne pouvait pas faire autrement. Mais cela ne change rien au fait que je ne faisais plus partie de sa vie, ni lui de la mienne. On se téléphonait pour les vœux, ou lorsque nous avions besoin de nous parler : la naissance des enfants, la mort de notre père… C'est maman qui lui a dit que j'avais quitté Christophe.

Mes filles. Elles sont hébétées. Je suis certaine qu'elles ne pensent à rien d'autre qu'à moi ou, plus exactement, à la douleur de ne plus m'avoir près d'elles. Pourtant, elles ont vingt-cinq et vingt-sept ans. Elles devraient être contentes de m'avoir gardée jusqu'à cet âge. En plus, elles ont leur propre famille.

Notre cerveau ne nous aide pas, ou peu, lorsqu'il s'agit des sentiments : ceux que nous éprouvons ou bien ceux que nous sommes censés éprouver – mais la frontière entre les uns et les autres est tellement subtile que seuls quelques esprits retors comme le mien osent envisager qu'elle puisse exister. Maintenant, si les émotions obéissaient aux injonctions de notre cerveau le petit doigt sur la couture du pantalon, elles ne vaudraient pas tripette.

LE PÈRE LOÏC

J'ai une si grande habitude de mon ministère que mon esprit peut être ailleurs alors que j'officie. Dieu ne peut pas m'en vouloir de cela. Je ne pense pas à ma popote du soir, ou à l'ourlet de ma soutane qui s'est défait. Je réfléchis en marge de la cérémonie, mais en lien avec elle. On ne peut pas me prêter le talent de faire deux choses à la fois.

Là, je réfléchis à ceux que j'ai en face de moi. Ils sont catholiques, en tout cas de culture. Mais ils ont désappris. Désormais, les gens qui ne viennent qu'aux mariages, aux baptêmes, aux enterrements, trébuchent sur les répons. Ils ne connaissent pas bien les prières. Surtout les plus jeunes qui, bien souvent, ne font que remuer les lèvres. Comme tant de prêtres aujourd'hui, il m'arrive de m'interroger sur le sens de mon engagement. Mais la foi, depuis deux mille ans, ce sont des questions. Et sans doute en sera-t-il encore de même dans deux mille ans.

J'ai rencontré la famille, que je ne connaissais pas. Les parents de la défunte ne pratiquaient pas. Ce sont des bourgeois. C'est mon prédécesseur qui a enterré le père, assez connu ici, mort d'un cancer il y a quelques années. Depuis, la mère n'a pas remis les pieds dans notre église. Quant aux filles, elles habitent Paris. Croient-elles en Dieu ? Il m'a semblé que oui, mais c'est le genre de questions que je n'aime pas poser. Ce sont peut-être les seules, avec leur grand-mère, à être totalement à la cérémonie. Au premier rang, rivées à mes gestes, à mes mots, qui ont un sens au moins pour elles. Les autres ? L'ex-mari de la défunte en particulier ? Ils sont ailleurs. Je le vois à leurs yeux distraits. Sans doute songent-ils à Armande, pour la plupart. Mais ils y songent à leur manière, de leur côté.

Lorsque j'étais plus jeune, j'aurais voulu que les fidèles fassent corps avec moi. Désormais, je me dis que, si leur présence dans une église est simplement une parenthèse dans leur quotidien, une petite plage pour penser à d'autres sujets que ceux qui les occupent habituellement ou, à tout le moins, pour y penser différemment, c'est déjà bien.

J'ai rabattu mes ambitions à hauteur de ce qu'il est raisonnable d'espérer.

CATHERINE

On l'enterre maintenant.

L'espace d'un instant, j'ai pensé aller aux obsèques. Mais c'était une mauvaise idée. Pour moi, et pour les proches aussi.

Savoir que bientôt elle reposera dans sa dernière demeure m'apaise. J'ai une sensation de boucle bouclée alors qu'avant toute cette histoire était encore en train de se passer.

AUBIN

Cela fait longtemps que je n'ai pas assisté à une cérémonie religieuse. Combien de temps ? Eh bien… la dernière c'était le mariage de Lucie.

Sinon, je ne vais plus à la messe. Par flemme, avouons-le. Je préfère paresser le dimanche matin. Et aussi par manque de conviction. Déjà, Dieu… Et puis, à supposer qu'il existe, il n'y a pas besoin de réfléchir pendant trois plombes et demie pour comprendre que ces histoires de religions, c'est absurde : je suis catho parce que je suis né en France dans une famille catho. Laquelle d'ailleurs ne pratique plus beaucoup : une fois sur deux, à Noël, nous zappons la messe de minuit. Né en Irak, je serais musulman. Né en Israël, je serais juif. *So*… Ça fait partie des réflexions que la plupart des gens ne se font jamais – apparemment.

Il me semble bien que, après la bénédiction du cercueil, c'est à peu près fini. Or là, le prêtre y procède. Avec tout ça, le pot auquel je pensais tout à l'heure ne sera pas servi avant seize heures. Au fait, de quoi s'agit-il exactement? C'est trop tard pour un lunch, trop tôt pour l'apéro… un thé, peut-être ? Ça se fait encore ?

J'ai décroché avec les mondanités.

Dans mes choix de vie, il n'y a pas que ma carrière, ou plutôt mon absence de carrière, qui contrarie mes parents. Il y a certainement aussi d'autres éléments. Je vois bien que maman s'agace que je puisse oublier ce qu'est une lettre de château, qu'un homme doit précéder une femme dans un resto, ou encore que la salade ne se coupe pas. Je n'ai pas vraiment oublié, du reste. Ça me sort de la tête, ce qui n'est pas tout à fait pareil. Ça me sort de la tête parce que ce sont des conneries. Ce sont seulement des marqueurs sociaux. Ce n'est pas inélégant de couper sa salade, surtout si c'est le moyen de ne pas mettre de la vinaigrette partout. Seulement, si vous le faites, ça veut dire que vous n'êtes pas né dans la famille de Graaf, mais chez les Tartempion. Je le disais bien : des conneries. Mais maman s'offusque que je ne tienne plus compte de la bonne manière de placer les couverts, ce dont tout le monde se fout aujourd'hui, à part peut-être la princesse de Broglie. Ce serait différent si j'avais épousé la fille Viguier. Mais cela ne risque pas d'arriver : il n'y a pas de fille Viguier et, s'il y en avait une, je ne l'épouserais certainement pas. Si j'avais épousé la fille Viguier, je resterais malgré tout un bourgeois. Alors que là, dans la tête des parents, j'imagine que je ne suis plus personne : je ne suis pas un cadre, je ne suis pas un entrepreneur, je ne suis pas un mari, je ne suis pas un père et, quelque part, je ne suis même plus tout à fait un bourgeois, sauf si l'on considère que la bourgeoisie est un état acquis à la naissance.

Mais je me fous d'être un bourgeois comme du reste. Enfin, quand je dis « comme du reste », je veux dire comme d'être cadre ou dirigeant d'une boîte. Je ne veux pas dire comme de *tout* le reste. Il y a des choses qui comptent pour moi. Quoi ? Les sentiments d'abord. C'est en eux que réside le sel de la vie. Je ne suis pas amoureux en ce moment, soit. Mais les sentiments, ce n'est pas que cela. Même si c'est hyperimportant. Il y a aussi ceux que l'on a pour ses parents, pour ses enfants quand on en a, ou pour ses amis. Car, bon, l'amitié et l'amour, quelle différence ? Oui, il y en a, sans doute, si on veut. Peut-être le sexe, mais alors où classe-t-on l'amour platonique ? Peut-être l'exclusivité en amour, et pas en amitié – mais alors que fait-on de la jalousie en amitié ? Bref, ces différences ne sont pas évidentes, si on se donne la peine d'y réfléchir.

L'ami qui, matériellement, tient le plus de place dans ma vie, c'est Éloi : un pote d'Anaïs, une copine des Beaux-Arts et de son compagnon. On sortait beaucoup ensemble. Éloi glandouillait sans grande conviction dans je ne sais plus quelle formation. Un peu comme moi. On s'emmerdait. On ne voyait pas où on allait. Pendant les vacances de février, il nous a invités à Cabris, à côté de Grasse, chez ses parents. Les parents étaient très sympas. C'est venu d'un coup d'un seul, lors d'un dîner. Le bras droit des Viguier à la parfumerie, dans la boîte depuis trente ans, venait de mourir d'une crise cardiaque. Il avait à peine cinquante ans. Il n'avait pas eu d'antécédents. Éloi et ses parents étaient très tristes car cet homme, Emmanuel, faisait partie de la famille. Les parents étaient aussi très emmerdés. Ils n'avaient pas envie de recruter au prix fort un cadre qui mettrait des années à intégrer les rouages d'une vieille entreprise et se faire accepter de collaborateurs qui, pour la plupart, étaient depuis toujours dans la maison. Alors M. Viguier a demandé à son fils :

« Tu ne veux toujours pas bosser avec nous ? » Éloi a répondu : « Si. » Et c'était bâché.

Plus jeune, Éloi avait voulu dire merde à ses parents, découvrir Paris. Ensuite, il a compris qu'il avait dans les mains un magnifique outil, dans un cadre superbe, et que c'était absurde de chercher ailleurs beaucoup moins bien. Alors, oui, occuper la (magnifique) dépendance dans le jardin en espalier des parents, les voir tous les jours, cela présente des inconvénients, mais il les a mesurés à l'aune des avantages. Il y avait certainement pensé avant. Mais il a pris sa décision sur-le-champ – et il ne l'a jamais regretté.

Pour moi, ça s'est passé un peu pareil, très rapidement. Deux jours plus tard, on se baladait avec Éloi dans l'arrière-pays. Anaïs et son ami Bernard étaient à Grasse. Il faisait super beau. Je connaissais déjà le Sud. Mais pas le même, et pas au même moment, puisque nous allions à Carrouges au plus tôt à Pâques, au plus tard à la Toussaint (et rarement en dehors du plein été). Je découvrais le Sud l'hiver : calme, pur, lumineux. J'adorais. Éloi m'a dit : « Mes parents raffolent de toi. Viens travailler chez nous ! » J'étais séduit, d'emblée, mais pris de court : « Pour faire quoi ? – De tout, a répondu Éloi, pas que des tâches d'intellectuel, mais rien d'idiot non plus, loin de là. » Je n'ai pas demandé à réfléchir ; j'ai dit oui – et je ne l'ai jamais regretté.

Une fois, j'ai dit à papa que pour moi Éloi était en quelque sorte ce qu'est Christophe pour lui. Il a réagi un peu comme si cette comparaison était insultante. Son argument principal, c'était que Christophe et lui avaient monté une boîte ensemble, alors que, pour ma part, je m'étais contenté de rentrer dans celle des parents d'Éloi. Mais on s'en tape un peu de ça, je trouve. Il ne s'agit pas d'économie, de détails techniques. Ce que je voulais dire, c'est qu'Éloi et moi étions de très bons amis qui bossaient ensemble, comme lui et Christophe. Je me suis tu car je sais bien que, pour mon père, toutes ces histoires de boulot, tous ces critères professionnels, c'est important et aussi parce que j'ai eu l'impression qu'il était gêné. Je ne sais pas pourquoi.

Dans ce qui compte pour moi, il y a des choses que je trouve merveilleuses alors qu'elles ne comptent pas pour d'autres, ou si peu. J'occupe un appartement à Grasse, dans l'immeuble mitoyen de celui où se trouvent la boutique Viguier et les bureaux attenants (les deux bâtiments appartiennent à la famille). Cet appartement est petit. Mais c'est le paradis. Il a un balcon qui donne sur la rue commerçante. Suffisant pour y mettre une table, deux chaises, et y prendre un verre et le petit déjeuner. Certes, hors saison, la rue commerçante, ce n'est pas le Faubourg Saint-Honoré. Mais derrière, l'appartement donne sur un beau jardin commun avec les locaux professionnels. Je suis le seul à y avoir accès, par un vieil escalier envahi de glycine. Le jardin est brouillon mais charmant, débordant de fleurs au printemps, avec un mobilier rouillé. Mon chat angora ne s'en lasse pas. Moi non plus. Lorsque je travaille dans les bureaux ou dans la boutique, j'y suis tout de suite. Lorsque je travaille sur Cabris où sont les locaux techniques, j'y suis en dix minutes de voiture par une route qui serpente dans les collines. C'est vrai qu'il n'y a aucun grand destin dans tout ça. Mais j'en profite à fond. Un rayon de soleil sur la glycine de mon jardin, le petit déj sur mon balcon avec mon chat assis en face de moi, un barbecue chez les Viguier…

Lorsque j'étais à Carrouges ou à Courchevel, avec les parents et les Desforges, nous étions aussi dans un très beau cadre. Mais ce n'était que cela. Tout le monde y conviait ses problèmes, ses frustrations. Les parents surtout. Je voyais bien que cet écrin était secondaire. Sinon, ils auraient été décontract. Ce n'était pas toujours le cas : parfois, maman boudait, papa levait les yeux au ciel, Armande partait avec le prof de surf et Christophe faisait semblant d'être passionné par un bouquin très chiant sur les trente-cinq heures ou un machin dans ce goût-là.

Mon cadre n'est pas secondaire. Il est essentiel. Pas seulement parce que j'y vis à plein temps. Il est essentiel car je ne m'en désolidarise pas : il n'y a pas le cadre d'une part, et moi dedans d'autre part. Je fais partie du cadre, et il fait partie de moi. Lorsqu'il est triste, par temps de pluie, je le rends beau. Lorsque c'est moi qui suis mélancolique, il m'insuffle de la joie. Nous nous fondons l'un dans l'autre. Nous sommes l'un l'autre.

PÉTRUS

Je ne le vois pas mais je l'entends. Il est loin mais il pense à moi. Et je pense à lui.

PATRICIA

Et voilà. C'est presque terminé. Émilien et moi venons d'asperger le cercueil. Mes enfants avaient l'air surpris. Sans doute ont-ils occulté leurs souvenirs... Ensuite, le cimetière. Lorsqu'on se retrouvera chez Mme Coursac, Armande sera enterrée. Et ce sera la dernière fois que tous les gens qui avaient un lien avec elle seront réunis. Combien sommes-nous ? Quarante ou cinquante. Soixante peut-être. J'ai toujours eu du mal à compter. Encore un exercice dans lequel je suis assez nulle. Mettons cinquante. Là-dedans, il y a une bonne trentaine de personnes qui n'étaient pas proches d'Armande : relations de Christophe, amis de Blanche et Lucie, etc. Et les autres ne se connaissaient pas forcément entre eux. Moi, par exemple, je ne connaissais pas ses copines de Nice, ni sa mère ou son frère que je n'avais guère vus qu'à des événements particuliers et toujours noyés dans une petite foule.

Quand on n'est pas une personne connue, le maillage humain qui s'était constitué autour de nous meurt avec nous. On subsiste quelque temps dans le cœur des personnes qui nous aimaient. Mais pas si longtemps que cela. Le grand chagrin des endeuillés disparaît vite, sauf, sauf… dans certains cas. Mais je n'ai pas envie de me replonger là-dedans. Bref, on oublie vite. Reste une empreinte, que l'on affronte non pas froidement, mais sereinement. Et cela veut dire qu'on a cessé d'aimer. Heureusement, d'ailleurs. Sinon, la vie serait un enfer car plus elle avance, plus les gens s'en vont. Alors, oui, c'est bien, mais en même temps cette idée me dérange. Je ne veux pas verser indéfiniment des larmes sur Armande. Je trouve que j'ai assez sangloté ces dernières années. Mais je sais que, lorsque je ne la pleurerai plus, elle n'existera plus pour moi qu'à l'état de silhouette imprécise et que, dès lors, elle sera vraiment morte. C'est ça qui me

fait peur car je ne conçois pas qu'Armande soit partie. En l'état, elle l'est techniquement. Bientôt, elle le sera complètement.

La mort me fait peur. Si elle a fait une fois irruption brutalement dans ma vie à un moment où je ne l'attendais pas, j'y réfléchis bien souvent alors qu'elle ne s'est pas annoncée.

Ma mère a quatre-vingt-trois ans, mon père quatre-vingt-dix. Ils sont très en forme tous les deux. Mais ils ont tout de même cet âge-là. Je sais que, selon toute vraisemblance, notre temps commun est compté. Cela me glace. Je n'arrive pas à profiter d'eux pleinement. À cinquante-trois ans, je redoute d'être orpheline. Je ne sais pas comment je réagirai. Est-ce normal ?

J'ai peur aussi de la mort d'Émilien. Et pas parce que je ne me suis jamais occupée des déclarations d'impôts, de l'abonnement d'électricité, de l'assurance auto ou des factures de Carrouges (encore que ce ne soit pas *rien*). Parce que, si j'analyse posément (et même s'il y a une à deux heures je me demandais pour la xième fois si je l'aimais encore), je ne vois pas ma vie sans lui. S'il n'est plus là demain, ce n'est plus ma vie. C'est celle d'une autre femme. Mon cœur se serre à cette idée. C'est donc que j'aime Émilien, non ?

Je suis trop souvent dans le questionnement, dans l'incertitude, dans l'angoisse ; c'est parce que je ne suis pas sûre de moi. Si Émilien ne m'a jamais renvoyé l'image d'une imbécile, il ne m'a jamais encouragée à faire plus que ce que je faisais. Par exemple, j'ai mon permis. Mais j'ai quasiment désappris à conduire. Depuis bien des années, je ne prends plus guère le volant que pour aller de la maison de Carrouges au Carrefour le plus proche, et encore. Pourquoi ? Parce que Émilien m'a toujours traitée en handicapée du volant, voire en danger public. Non, il ne me laisserait pas conduire les enfants à la gare. Non, il ne voulait pas que j'aille le chercher à Orly. Une ou deux fois, il a tourné ça en plaisanterie, mais en plaisanterie pas très sympa, un peu comme Armande avec Christophe : « C'est Patricia qui te ramène chez toi ? Casque lourd ! » S'est-il proposé de me donner des cours pour que je sois plus à l'aise ? Non. Ça lui convenait. C'est peut-être ce comportement qui constitue mon principal grief. Mais est-il le seul homme, le seul mari à fonctionner ainsi ? Certainement pas.

À côté de tout ça, il y a du bon chez Émilien. Si je ne suis pas un exemple pour les folles initiatives et les décisions drastiques, je ne serais pas restée avec un homme que je n'estimais pas. Émilien est toujours là. Il n'est pas parti avec une femme plus jeune. M'a-t-il trompée, comme Armande a pu l'insinuer ? Peut-être. Aujourd'hui, je dirais « sans doute ». Depuis longtemps, Christophe ne se déplace plus beaucoup. C'est Émilien qui assure les rendez-vous en province – « en région », dit-on maintenant. Alors c'était possible, voire facile. J'emploie l'imparfait car, à supposer qu'il ait pu le faire, je ne pense pas qu'il le fasse encore. Depuis qu'est survenu ce qui nous a murés en nous-mêmes, je sens, je sais, qu'une telle déloyauté n'est plus possible. Ça serait hors sujet. Incongru. S'il m'a trompée autrefois, cela ne l'a pas empêché de m'aimer. Mal, certes, mais toujours. C'est sans doute aussi pour cela que, moi aussi, en fin de compte, je l'aime – et sans doute mal.

Émilien me prend encore parfois dans ses bras, il peut lui arriver de me dire « je t'aime ». Et il est sincère. D'autant plus que, paradoxalement, il ne le faisait pas autrefois, alors qu'il aurait dû. Je ne sais pas si le jour de mon mariage a été le plus beau jour de ma vie, mais c'était certainement l'un des plus marquants. C'était en juin, sous soleil de Marseille. À l'époque, les robes de mariée avaient beaucoup de tissu. Plus il y avait de tissu, plus c'était joli. La mode a bien changé… Je le mesure lorsque je me rappelle la robe de mariée de la princesse Diana et que je la compare à celle de Kate Middleton. J'avais une traîne immense, un voile immense. Ça a été une grosse galère pour entrer dans la voiture, puis pour en sortir, opérations que j'ai dû répéter à plusieurs reprises, avec l'aide pas très efficace de maman. Il a vite fait très chaud. C'était pénible. Et toutes ces photos… J'avais mal aux maxillaires à force de sourire. Et pourtant, qu'est-ce que j'étais heureuse ! J'étais folle de bonheur ! J'avais cependant des motifs d'inquiétude : Émilien ne prenait déjà plus la peine de me déclarer son amour, alors que nous ne nous connaissions que depuis quelques mois. J'y songeais de temps à autre, mais je chassais très vite cette idée. J'ai toujours été douée pour congédier les pensées qui dérangent. Quelques années plus tard, Émilien est redevenu démonstratif, m'embrassant sans raison, me faisant de petites déclarations. Avec des hauts et des bas, cela ne s'est jamais arrêté. Enfin, c'est vrai que maintenant… Mais c'est surtout de mon fait, je crois. Et même maintenant, je sais qu'il m'est toujours attaché.

Je vois bien qu'Émilien compte encore, et compte encore beaucoup, en raisonnant *a contrario* : s'il n'était plus là, je serais beaucoup plus malheureuse. Pourtant, si je suis malheureuse aujourd'hui, ce n'est pas principalement à cause de lui, mais c'est en partie à cause de lui. Il ne me donne pas de force. Et j'ai besoin que l'on m'en donne.

J'en ai tellement besoin.

LE PÈRE LOÏC

Ils vont se rendre au cimetière.
Après, leur vie va reprendre.

Loin d'elle, et loin du Père.

Il faudrait faire entrer autre chose dans tout cela. Peut-être pas de la nouveauté, mais de la vie, de la chair.

Parfois, j'ai l'impression que nos vieux rites sont un voile dont on se couvre lorsqu'il le faut, avec la hâte de s'en débarrasser le plus rapidement possible.

CHRISTOPHE

C'est drôle, si l'on peut dire. Tout à l'heure, je repensais à ma première rencontre avec Armande. Maintenant, c'est la dernière. Si l'on peut dire. Il ne s'agit plus d'Armande mais de sa dépouille mortelle. Je n'ose pas parler de son cadavre. Ce mot lui sied si mal.

Armande était mon premier amour. Je peux quasiment affirmer que c'était aussi le dernier parce que ce que j'ai vécu d'autre était plutôt de l'ordre de l'expérience. Un épisode transcendant, en dehors du circuit amoureux classique, qui ne peut pas se comparer avec mon histoire conjugale.

J'ai aimé Armande, au moins jusqu'à ce qu'elle me quitte. Jusqu'à ce qu'elle parte physiquement. J'y pensais un peu plus tôt : elle m'avait déjà quitté dans sa tête, et cela depuis fort longtemps. Tous ces types avec lesquels elle flirtait, voire plus, ce n'était pas cela qui était important. Ce n'était pas important parce qu'elle n'est partie avec aucun d'entre eux. Lorsqu'elle a fait sa valise, elle n'avait pas encore rencontré ce Cédric. Et elle n'est pas restée avec lui bien longtemps. Si je n'ai jamais abordé avec elle le sujet de notre vie de couple, ce n'est pas seulement faute de clairvoyance. Si je suis vraiment honnête avec moi-même, je dois reconnaître que j'avais vu. Mais je ne voulais pas me l'avouer. Si je l'ai prudemment fermée, c'est beaucoup par lâcheté. Parler d'elle à Armande, c'était aussi parler de moi ; et je ne le voulais pas. Un manque de courage. Et une sorte de honte. Vis-à-vis d'elle seulement, car, dans l'absolu, je n'ai pas honte ; je regrette seulement d'avoir fait du mal.

Lorsque Armande est partie, elle a coupé court à toute discussion. Pour elle, c'était inutile de déterrer les vieilles rancunes : sa décision était prise et elle ne reviendrait pas dessus. Sur le coup, ça m'a arrangé.

Je ne pense pas qu'Armande ait su, mais je ne suis pas certain pour autant du contraire. Nos silences n'ont pas servi la vérité. Mais elle a dû avoir des intuitions.

Pourtant, je l'aimais.

La vraie Armande, c'est-à-dire celle que j'avais rencontrée, qui m'embrassait, qui me sautait au cou, n'a jamais disparu. L'autre Armande, celle qui me boudait, qui m'envoyait balader, je l'ai longtemps considérée comme un mirage, un regrettable effet d'optique. Longtemps ? Même si c'est avec des éclipses (une éclipse, à vrai dire, mais quelle éclipse !), tant qu'a duré notre mariage. Après… Après, j'ai tenté de m'adapter à ma nouvelle situation. Là encore, gymnastique cérébrale, opportunisme psychologique : Armande était partie et ne reviendrait pas, je devais ne plus l'aimer. Si je suis resté seul depuis, c'est sans doute en partie parce qu'elle était toujours dans mon cœur.

Maintenant qu'elle est morte, non seulement pour moi, mais aussi pour tous les autres, je vais peut-être aimer ailleurs.

Mais en suis-je encore capable ?

ARMANDE

J'aimerais vous parler du fatum.

J'étais déjà bien avancée dans ma vie d'adulte lorsque ce mot a été prononcé devant moi pour la première fois. Nous étions à Courchevel, devant le feu, un verre d'armagnac à la main. Les enfants dormaient. Patricia et moi rattrapions notre retard en cancans grâce à la presse people. Christophe et Émilien devisaient. Leur sujet ? Le fatum. J'échangeais de temps à autre un regard ironique avec Patricia. Pour être franche, l'ironie était sans doute de mon côté – comme d'hab. Peut-être ai-je même émis à l'intention de mon mari un léger gloussement pour lui faire comprendre que, selon moi, il se la jouait en prenant une posture d'intellectuel qui ne m'impressionnait pas. Malgré tout, pour une fois, sans en avoir l'air (je me serais fait couper en rondelles plutôt que de lui donner ce plaisir), j'écoutais. J'ai vite compris que le fatum c'était le destin. Ni Christophe ni Émilien n'y croyaient tout à fait. Ni l'un ni l'autre ne le rejetaient absolument. Ils s'interrogeaient : les choses sont-elles écrites, auquel cas le hasard et notre libre arbitre ne sont que des vues de l'esprit, ou bien construisons-nous notre vie pierre par pierre ? Avec eux, de tels débats pouvaient durer une heure ; j'ai assez vite décroché. Je ne me souviens pas qu'il y ait eu une conclusion. En réalité, il ne peut pas vraiment y en avoir.

Cette femme qui m'a renversée avec sa Land Rover, elle s'est certainement posé la question du fatum. À mon avis elle roulait trop vite, mais elle s'est probablement persuadée du contraire. Pour elle, sans doute, si je me suis trouvée là à ce moment et elle aussi, s'il y a eu l'impact, et si j'en suis morte, ce n'est pas de son fait. Elle n'a été que la main du destin. Mais, il me faut bien l'admettre, rien ne me permet d'affirmer qu'elle a adopté cette posture. Peut-être se considère-t-elle au contraire comme actrice dans cet accident et pense-t-elle qu'elle aurait pu et dû faire en sorte qu'il n'arrive pas.

Patricia est trop bienveillante pour m'avoir jamais attribué une quelconque part de responsabilité. Mais une autre l'aurait fait. Je la sentais fatiguée, tendue, et pour cause : redevenir mère à plus de quarante ans, ce n'est sans doute pas de la tarte. Je l'avais convaincue de venir quelques jours dans le Sud. Elle pouvait s'arranger avec Margaux et sa belle-mère. Les filles étaient contentes de la revoir. Il y avait une ambiance de pensionnat. La veille de son départ, je l'ai persuadée de rester un jour de plus. Une *nuit* de plus.

Cela ouvre exactement le même genre de réflexion que l'accident de l'avenue Gambetta : sans moi, Patricia aurait été chez elle cette nuit-là. Cela aurait été une autre nuit. Suis-je par conséquent responsable de ce qui s'est passé ? Si j'avais été totalement certaine du contraire, j'aurais vécu différemment après ; mais ce n'était pas le cas.

ÉMILIEN

Patrick était hospitalisé à Lyon, dans une unité de soins palliatifs.

Au téléphone, il m'avait simplement dit qu'il voulait me voir. Je n'avais posé aucune question.

J'y suis donc allé.

Quand une personne est vraiment entrée dans notre vie, elle n'en sort jamais. Absente, elle survit à l'état d'image subliminale, prête à reprendre sa place, ou une place, en tout cas.

Dans la chambre Patrick était seul. Nous nous sommes embrassés comme deux cousins, et je me suis assis. Il était méconnaissable, mais je m'y étais préparé. Je n'ai pas eu de sursaut. Plus rien ne subsistait du vingtenaire bodybuildé aux cheveux ras. Je savais qu'il approchait à présent de la quarantaine, mais il n'avait plus ni vingt ans, ni quarante ou même cinquante : c'était un homme squelettique en toute fin de vie. Assis sur son lit, je devrais plutôt dire adossé à ses oreillers, il flottait dans un T-shirt immense, d'un blanc déjà mortuaire. C'est l'idée qui m'est venue. Sur lui, et dans la chambre, une seule touche de couleur, quasiment déplacée :

un bandana rose vif – dont il m'était facile de comprendre qu'il cachait un crâne chauve, ou une chevelure appauvrie.

« Eh non, ce n'est pas le sida... », a dit Patrick avec un petit sourire discret. Je reconnaissais sa forme d'humour. La conversation reprit entre nous comme si elle n'avait pas été interrompue pendant près de douze ans. C'était un cancer du pancréas.

Patrick était parti à San Francisco parce qu'il avait un copain à lui là-bas qui pouvait l'aider à s'installer. Il ne s'était pas documenté. Il n'avait pas lu les bouquins d'Armistead Maupin. Mais il était tout de même habité par le rêve américain. Il lui fallait une impulsion forte pour me quitter. Oui, cela avait été difficile. Oui, il m'aimait. Oui, il savait que ma vie était faite ailleurs, qu'il ne ferait pas la sienne avec moi. Une coupe franche, en effet. Il m'a confirmé tout ça. Il a vécu de petits boulots, puis il a intégré une société qui créait des documents, des flyers... Un peu comme la boîte qu'avait Sylvie à Rennes. Il n'est pas trop entré dans les détails et, de toute manière, ce n'est pas cela qui m'intéressait. Il s'est mis aux nouvelles technologies. Ça lui a plu et il y est resté. Il a rencontré un garçon d'origine espagnole, Asier. Ils se sont établis ensemble et ont vécu la vie d'un couple gay sans histoire, avec les copains, les bars, la musculation en plein air. Une vie heureuse. Il y a dix-huit mois, Asier est mort. Il s'est électrocuté en bricolant dans leur appartement. Une mort bête. Patrick s'est effondré. Dépression, arrêt de travail, puis cancer. Je ne veux pas faire de la psychologie au ras des pâquerettes, mais j'ai mon idée, bien sûr. C'est difficile de ne pas mettre tout ça sur un fil. Lorsqu'il a su qu'il était condamné, il n'a pas voulu finir ses jours aux

États-Unis. Il voulait terminer sa vie en France, non loin de ses parents.

Il m'a montré des photos sur son téléphone. Des photos de son *univers*, comme on dit dans les émissions de téléréalité. D'un monde que je ne connaîtrai pas, si ce n'est en touriste – donc pas vraiment : le Pacifique, des dîners sur une terrasse chez des amis, Patrick faisant du roller, torse nu, musclé sec, cheveux longs et blonds au vent.

« Tu es blond, maintenant ? »

Je n'ai pas osé dire : « Tu étais blond ? »

« Tout le monde est blond en Californie ! »

C'était à la fois léger (en surface) et grave (en profondeur).

Mon cœur battait de nouveau.

C'était toujours de l'amour. Mais on était bien loin du sexe qui nous avait liés à nos débuts. Que l'un soit au-dessus, l'autre au-dessous, l'un devant, l'autre derrière, ait pu avoir une quelconque importance… j'avais du mal à le croire. C'était tendre, maintenant – j'aurais voulu pouvoir dire « désormais ».

Patrick faisait partie de ma famille, au même titre que mes enfants, au même titre que Patricia, que Christophe. Ça peut sembler un blasphème. Mais c'est cela la famille, la vraie, celle du cœur, la seule qui compte : des gens que l'on a choisis parce qu'on les aime, tout simplement, de façon presque inconditionnelle, de façon générique, parce que notre sentiment ne s'inscrit pas dans une catégorie d'émotions bien précise.

On a parlé de moi. De moi depuis nous. De la naissance de Renaud.

Et puis de la suite.

Patrick m'a pris la main.

Nous avons pleuré tous les deux.

Nous ne nous sommes pas dit que nous allions nous revoir, ni le contraire. Nous savions que le sujet n'était plus à l'ordre du jour.

Douze jours plus tard, lorsque Patrick mourut, j'étais très triste mais tranquille : nous nous étions retrouvés.

AUBIN

Margaux m'a fait la charité de me prendre dans sa voiture pour aller au cimetière. Trajet très court. Quelques platitudes échangées.

Le ciel s'est couvert pendant la cérémonie et il tombe quelques gouttes. Je n'ai pas de parapluie et je m'en fous un peu car ma veste Celio et mon jean noir ne craignent rien, mais je vois bien qu'il n'en est pas de même pour la plupart des autres. Devant le caveau de famille, beaucoup regardent nerveusement le ciel, fouillent fébrilement leur sac, et/ou tiennent des propos qui n'ont probablement rien à voir avec Armande. Le quotidien reprend déjà ses droits. On lit maintenant sur les visages qu'il est temps que cela s'arrête et qu'on passe à autre chose. Il ne faut pas que je me donne le beau rôle : j'en ressens aussi l'envie.

Je pense à Éloi depuis tout à l'heure. Peut-être tout simplement parce que Éloi, c'est mon quotidien, et qu'y penser m'éloigne du contexte d'aujourd'hui, c'est-à-dire d'Armande et de la mort.

On peut passer d'un sentiment à un autre : évolution ou mutation, peu importent les mots. Les faits sont là. J'admets qu'au début j'étais amoureux d'Éloi. Mon cœur battait lorsqu'il apparaissait. Je le voulais pour moi tout seul. Mais je ne souffrais pas lorsqu'il sortait avec des filles. Ni quand c'est devenu sérieux entre lui et Camille. Ce n'était donc pas une passion, sinon c'eût été insupportable. C'était une toquade. Maintenant qu'il est de nouveau disponible, je le trouve très bien comme ami. Et je sais que ce serait pareil s'il était gay. D'ailleurs, on garde en général bien plus longtemps un ami qu'un petit copain, ou même qu'un conjoint. De petit copain, je n'en ai jamais vraiment eu. C'est pourquoi le sujet de mon orientation sexuelle n'a jamais été abordé en famille. Si j'étais hétéro, je ne dirais pas d'abord à mes parents, ou à ma sœur, « je suis hétéro » pour dire ensuite « je vous présente Paulette ». Eh bien là, je fais pareil ! Et le moment venu, je présenterai Paulette, ou plutôt son équivalent. Ce n'est pas que je n'assume pas. J'assume. D'ailleurs, mes amis savent. Les Viguier sont au courant. Ils le sont parce que l'on a des échanges perso que je n'ai pas avec ma famille.

J'affirme que je n'ai jamais eu de petit copain parce que je ne compte pas les aventures, peu nombreuses du reste, surtout depuis que je suis à Grasse. Mais j'en aurai un, et je resterai avec. Je sais que les oiseaux de mauvais augure me diront que les gays ne sont pas constants. Certains gays aussi le disent. Comme les autres, il faut qu'ils se trouvent des raisons pour ne pas être heureux. Il n'y a pas que moi qui me sens loyal et fidèle, et qui le suis. Il y en a d'autres. Je vais trouver celui qui me convient. C'est l'une de mes principales ambitions.

Comment les parents réagiront-ils ? Mal, sans doute, sur le moment. Ils ne voient rien venir. Banal. Voir venir, ce serait revisiter spontanément le parcours de leurs enfants et le leur. En général les parents ne font pas cela. Ils se crisperont sous le masque de la tolérance. Ils verront en cela *un problème de plus*, dont ils se seraient fort bien passés. Mais d'abord, sans doute, ils seront inquiets : pas de diplôme, pas de vrai métier, et pas non plus de vraie famille. C'est exact que, vu sous cet angle, ça fait beaucoup. Mais je ne le vois pas du tout comme ça. Moi, je ne suis pas inquiet.

Les gouttes ont cessé de tomber. J'agite discrètement ma rose rouge. Je vais la jeter sur le cercueil, comme les autres. Où est Armande ? Ça doit donner une force incroyable d'être convaincu d'une vie éternelle. Mais l'est-on jamais ? On raconte que même les grands religieux et les saints ont leurs moments de doute. La mort me semble assez loin, c'est pour cela que je n'y pense pas trop. Mais qu'en est-il des gens âgés, comme la mère d'Armande, ou même des personnes d'âge moyen, mes parents par exemple, qui voient disparaître la génération qui les précède, à commencer par leurs propres parents ?

Il faudrait que je développe une spiritualité qui me permette de me dire : « Je profite, mais tout cela n'est pas sérieux. Si ça s'arrête, ce n'est pas grave. » Je crois que les gens ne prennent pas de recul. Ils subissent. Le destin peut leur arracher ce qu'ils ont, et ils ne prétendent à rien d'autre qui soit plus ambitieux, qui soit au-dessus de tout ça. Là, tiens, on est tous alignés avec notre rose. Mais est-ce qu'on se projette ? Est-ce qu'on se projette vers Armande, c'est-à-dire vers une autre dimension ? Ce serait l'occasion.

Non ! On s'en protège au contraire. On s'intéresse à la sauterie chez Mme Coursac, comment on va s'y rendre, s'il y aura seulement à boire ou aussi à manger. On croit se mettre à l'abri, et c'est l'inverse. Pour se préserver vraiment, il faut regarder au-delà, et pas à côté ou tout juste devant.

Cela va être mon tour de remettre ma rose à Armande. Je me concentre pour songer à elle désormais, à elle seule. Elle a raté des étapes. Elle a dû ne pas se poser telle ou telle bonne question. Ou bien elle n'a pas su y répondre. Et on ne l'a pas aidée. Mais elle aura réussi à laisser une marque forte. Lorsque je serai vieux et qu'Armande sera morte depuis cinquante ou soixante ans, elle sera toujours en moi, jeune, gaie, et elle me donnera toujours de l'allant comme lorsque j'étais un enfant, puis un adolescent qui se demandait « pourquoi moi ? ». Elle plongeait souvent ses yeux dans les miens, sans raison apparente. Ils étaient graves d'abord, puis ils s'éclairaient, et elle me faisait un sourire complice. C'était un coup d'éponge sur mes états d'âme. Oui, Armande, c'était la vie d'abord. La vie malgré tout. Jusqu'à ce que…

Aujourd'hui, Armande, c'est moi qui te regarde avec un air grave, mais qui te souris aussi.

Voici ta rose !

PÉTRUS

Les fleurs du jardin bougent sous le vent. Je regrette d'être enfermé.

PATRICIA

J'y suis allée de mon offrande et j'ai pleuré de nouveau. Ce ne sont pas des larmes de crocodile. C'est la dernière fois que je consacre du temps à Armande. Désormais, je n'aurai pour elle que des pensées, et de moins en moins, parce que c'est comme ça, et parce que je ne veux tout de même pas vivre principalement avec des morts.

En vacances avec les Desforges, il y avait malgré tout beaucoup de bons moments. Je me souviens notamment des apéritifs sur notre terrasse. C'était Armande et moi qui les préparions. Cela aussi, c'était réglé comme du papier à musique, mais c'était très sympathique. La lumière et la chaleur déclinaient. Dans la cuisine, nous discutions des canapés que nous allions tartiner. Nous tergiversions entre la tapenade et l'anchoïade. Entre le pastis, le rosé, un Martini ou encore un cocktail *home made*. Nous faisions en sorte que cela soit joli. Bien souvent, nous mettions quelques fleurs de bougainvillée ou de plumbago sur le plateau. Nous étions seules toutes les deux. Les hommes prenaient leur douche ou bossaient un peu. C'était le créneau réservé aux échanges téléphoniques avec les principaux collaborateurs restés à

Paris. Les enfants étaient bien souvent à table lorsqu'ils étaient petits, car généralement nous les faisions dîner avant nous avec la jeune fille qui s'occupait d'eux. Plus grands, ils étaient encore dans la piscine. Nous entendions les bruits d'eau et leurs éclats de voix. Parfois, Armande et moi nous asseyions avec ce que nous appelions un *before*, c'est-à-dire un verre siroté en catimini avant l'apéritif. C'était notre moment à nous. Armande n'était pas en représentation. Elle n'était pas ironique. Nous parlions des enfants, de notre quotidien. Après, il fallait se changer en vitesse. Nous étions tous d'accord pour nous habiller un peu le soir. Pas de short ni de débardeur. Pas de costume-cravate ni de tailleur non plus, quelle horreur ! Les garçons mettaient un pantalon en lin, une jolie chemise ouverte. Nous mettions une robe d'été avec des sandales. À l'époque, Armande portait court ses cheveux bruns. C'était plus long pour moi, car il fallait que je me recoiffe. La conversation prenait un tour moins personnel avec Émilien et Christophe, mais c'était presque toujours un moment décontracté, sans arrière-pensées.

Je me dis que c'était curieux, ces vacances que nous avons passées ensemble pendant presque vingt ans. C'était au détriment de ce que nous aurions pu réserver à la famille ou à notre couple ; au détriment des voyages que nous aurions pu faire. Ça s'est mis en place naturellement et, jusqu'à la séparation d'Armande et de Christophe, en 2004, ça n'a jamais été contesté par aucun d'entre nous. C'est donc que ça nous convenait. Pendant l'année, je me surprenais même parfois à calculer les mois ou les semaines qui nous séparaient encore de ces vacances. Lorsqu'il fallait fermer la maison, que ce soit dans le Sud ou à la montagne, faire nos valises, j'avais toujours du vague à l'âme. J'aime les rituels. Ils rassurent l'inquiète que je suis. Je devais me dire que, quoi qu'il arrive, dans deux mois, dans trois mois, nous dégusterions une fondue au coin du feu à Courchevel, ou un apéritif à Carrouges. Que me reste-t-il aujourd'hui comme rituel? Rien. À Carrouges, nous sommes bien souvent seuls avec Renaud et un copain à lui. Des amis passent, ou les grands certes, mais pour quelques jours. Il y a bien Noël, mais c'est très bref. En général, Aubin arrive le 24 et repart le surlendemain. Que peut-on tisser?

Est-ce que l'on peut mettre en place de nouveaux rituels maintenant? Lesquels? Avec qui? Non, je ne crois pas. Si c'était si important que ça, il aurait fallu ne jamais les interrompre. Maintenant, il va falloir que l'on voyage davantage, Émilien et moi. Que l'on crée des choses sympas qui nous soient propres. Le défi est de taille parce que, jusqu'à présent, nous nous sommes toujours arrangés pour noyer le poisson de notre intimité. Jusqu'à la naissance de Renaud, nous étions continuellement avec les enfants ou avec d'autres, le plus souvent les Desforges. Ensuite, nous étions avec les enfants, puis avec Renaud encore petit. Maintenant, on ne peut plus tourner autour du pot. Je n'en ai plus envie.

Pour autant, j'ai toujours cette tristesse, cette indolence : je cultive mes déceptions, mes chagrins, ou en tout cas je les accueille. Je ne lutte pas pour les chasser. Comme s'ils étaient mes amis. Comme si ma vie serait vide sans eux. C'est contradictoire : j'ai envie de bouger, et je me fous d'être statique, engluée, cela ne me fait plus culpabiliser. Je ne me dis plus : « Secoue-toi ! »

Je ne suis pas certaine que la maturité nous mène forcément à l'essentiel. On se convainc de cela parce que si, en plus de vieillir, on régresse, ça devient vraiment déprimant, pour le coup. C'est comme ces actrices de soixante ans qui prétendent qu'elles adorent leurs rides (qu'elles tentent par ailleurs d'éliminer à n'importe quel prix). On ne progresse pas vers une épure ou vers un équilibre. Au contraire, on mesure de plus en plus combien la vie est compliquée. Telle solution que l'on croyait acquise ne l'est pas. Ce qu'on avait toujours fait, ce n'est pas du tout ce qu'il faut faire ! Il faut agir tout autrement. On ne peut plus se rassurer parce qu'il arrive un moment où l'on comprend que la vie avance sur des sables mouvants.

Au lieu de vouloir à tout prix bétonner ce qui n'est pas bétonnable, sans doute devrais-je me dire que c'est cette mouvance, cette inconstance qui, faisant de notre existence une aventure, la rend intéressante.

MARGAUX

Il y a toujours une partie de moi qui assiste au spectacle de ma vie comme si je n'étais pas concernée. Je me suis vue participer à cette bénédiction en fille bien élevée. Je me vois maintenant enterrer Armande et imiter les autres, alors que je ne suis pas certaine du tout que tout ça ait un sens. Sérieux ! La vie après la mort ? Les morts qui vivent toujours ? Et le yéti ou le monstre du loch Ness ? Si ça existait vraiment, depuis le temps qu'on en parle, on en aurait vu, non ? Je n'ai pas envie de me coller des lunettes roses sur le nez. Si l'au-delà existait, on en aurait la preuve concrète aujourd'hui, avec tous les moyens qu'on a. On aurait bien fini par mettre la main sur un revenant, depuis qu'on leur court après.

La partie de moi qui regarde tout ce machin, c'est la partie froide. Mais je sais bien qu'à côté, ou plutôt derrière, il y a l'autre partie que j'essaie de museler et qui a évidemment envie de croire en Dieu, besoin d'y croire. Si on ne met pas un peu de cela dans nos vies, un peu d'irrationnel, elles deviennent très lourdes, insupportables, même.

Depuis le début, je ne peux pas m'empêcher de regarder avec sympathie la mère d'Armande. Non seulement avec sympathie, mais avec émotion. Elle n'est pas si vieille. Quel âge a-t-elle ? Soixante-quinze ans, à peu près. Elle est toujours très bien. Elle peut vivre encore quinze ans, vingt ans, davantage peut-être. Comment va-t-elle faire avec une telle blessure ? Ça fait longtemps que je vis avec cette question. Je me la repose depuis une heure. Ce soir, je ne pourrai pas en parler.

En fait, je suis assez costaude, mais cela se retourne contre moi. Si je livrais mes états d'âme, les gens rigoleraient. Pour eux, je ne peux pas en avoir ou, si j'en ai, ils ne sont pas trop graves et ne peuvent pas durer trop longtemps. Je suis victime de l'image que j'ai voulu donner. Cette image me correspond, OK, mais pas entièrement.

Avec Simon, j'ai trop forcé le trait. Au début, j'ai senti qu'il voulait de l'air frais, comme tous les mecs mariés qui en ont soupé des études des gosses, de la mauvaise humeur de leur femme et des problèmes de boulot. Quand moi j'avais un souci, je ne lui en parlais pas. Un port d'attache, un jardin secret, ça n'a pas de soucis. En plus, on passe peu de temps tous les deux : seulement trois nuits complètes chez moi et un week-end à La Baule sous prétexte de séminaire, depuis qu'on est ensemble. Je ne voulais pas les gâcher, ces moments. Du coup, maintenant, si j'ose un soupir, un haussement d'épaules, une remarque un peu sèche, il trouve ça insupportable. Il s'est mis dans la tête que les problèmes, c'est lui qui les a, et que moi, ce ne sont pas des problèmes mais des « détails » (son grand mot pour qualifier ce qui me touche, ce que je ressens, surtout lorsqu'il est concerné), des caprices.

On devrait se montrer tel qu'on est. Mais on ne le fait jamais, et du coup la vie devient un gigantesque marché de dupes.

Je ne sais pas si je serai un jour dans un couple stable, ou si j'aurai des enfants. *A priori*, cela ne me branche pas particulièrement. On peut aimer autrement : les amants, les amis, un neveu, un filleul, qui sais-je encore. Si, en général, on finit par plonger dans un schéma bien pépère, c'est pour se rassurer, pour pouvoir dire et se dire « mon mari », « mon fils », même si le mari peut partir (et le fait bien souvent), ou si le fils peut être une petite horreur qui vous fait regretter de ne pas avoir pris un somnifère la nuit où vous l'avez fabriqué. Mais, là-dessus aussi, je ne suis pas d'un seul bloc. Là-dessus aussi, ma partie sentimentale voudrait la ramener, exiger un époux qui dorme avec moi toutes les nuits. De cela non plus, je ne peux pas parler. Encore une fois, dans ma bouche, ces propos sonneraient faux. On penserait que ce n'est pas moi qui parle. Et à qui en parlerais-je ? À Simon qui n'écouterait pas ? Aux parents qui me donneraient des conseils relou auxquels ils ne croient pas ? Aux copines, qui galèrent aussi ?

Lorsqu'on se concentre sur ce qu'on voudrait faire de son existence, c'est difficile de regarder loin devant soi. Il y a des modes en psychologie, pour les schémas de vie : ce qui était vomi hier est encensé aujourd'hui, et vice versa. Alors, on fait quoi ?

Quand je vois la mère d'Armande, je vois de la solitude. On lui a tous dit un mot. On était tous empruntés. Parce qu'on se rendait tous compte de cette solitude.

Pour moi, la solitude, c'est le grand problème de l'existence. Peut-être le seul. On est seul face à la mort. Celle d'un proche, puis la sienne. Mais on est seul aussi dans la vie. C'est ce que je ressens.

J'aimerais briser ma solitude.

ÉMILIEN

Je me demande ce qu'Armande pense de tout cela, si elle nous voit, avec les roses et tout le toutim. Peut-être ricanet-elle. Je l'ai souvent vue ricaner. Lorsqu'il y avait des informations dites sérieuses (l'élection du pape à la télé) ou lorsqu'elle entendait une conversation sérieuse (sur l'économie, entre Christophe et moi). Elle se sentait sans doute décalée et donc trop souvent exclue. Comme Patricia. Mais leurs réactions étaient très différentes. Patricia zappait, jouait l'indifférente, alors qu'Armande affrontait, provoquait, feignant de mépriser ce qui la mettait mal à l'aise. Pourtant, comme Patricia, Armande était le contraire d'une sotte. Moi, pendant longtemps, je n'ai rien compris à Patricia, à ma propre femme. Armande a très vite tout compris d'elle. Je voyais bien, lorsque nous étions tous ensemble, que Patricia parlait beaucoup à Armande, beaucoup plus qu'à moi, et qu'elle riait avec elle. Armande la mettait en confiance et, lorsqu'elle osait la bousculer, c'était avec tact, en faisant bouger des lignes que l'on croyait figées. Il y a une dizaine d'années, Patricia, qui avait à l'époque les cheveux très longs, très blonds, presque toujours en chignon, est revenue de chez le coiffeur avec une coupe courte. C'était une idée d'Armande. Ma femme avait toujours porté ses cheveux plus ou moins longs. Je n'étais pas ravi-ravi, mais je dois admettre que ça lui allait très bien. Je l'ai embrassée. Je ne voulais pas gâcher son plaisir car je la voyais enchantée. Si quelqu'un d'autre qu'Armande le lui avait suggéré, elle aurait tergiversé. Ou alors elle aurait consulté tout le monde : les enfants, moi… Est-ce que je dois ? Est-ce que je ne dois pas ? Crois-tu que ? Ou bien que… ? Armande lui avait donné le courage. Elle savait mettre de la légèreté dans la vie, lorsqu'elle le voulait. Elle le faisait beaucoup avec les enfants. Les fous rires des enfants, c'était avec elle. Lorsqu'ils cassaient un verre, cela n'était pas grave. Elle se faisait une fête d'aller en acheter un autre avec eux, de préférence dépareillé. Alors que Patricia, Christophe ou moi-même, dans ces circonstances, on se contentait de gueuler et de prendre ensuite un air pincé. Quand j'étais plus jeune, je trouvais qu'Armande était infantile. Je me dis maintenant qu'elle savait mettre de l'hélium dans une journée qui tirait vers le bas. Pas seulement dans une journée, d'ailleurs. Lorsque Patricia était cassée en deux, elle est venue plusieurs fois de Nice. Elles faisaient les boutiques, allaient dans un spa. Le soir, je ne voyais pas Armande qui dormait à Joinville. Mais je voyais Patricia, je la voyais aller mieux.

Finalement, j'aurais pu être vraiment ami avec Armande. Dans une autre vie, plus douce. Et plus belle.

Quelques semaines avant la naissance de Renaud, Armande était passée au bureau. Elle était en instance de divorce. Christophe n'était pas là. Elle avait choisi son moment. Elle était accompagnée de son Cédric, mais elle lui a demandé de patienter dans le canapé de l'entrée. La raison de sa visite, ou le prétexte, je ne sais pas, c'était de récupérer des bijoux qu'elle avait dans le coffre du bureau de Christophe. Notamment son alliance et sa bague de fiançailles, qui avaient atterri là je ne sais plus comment, dans la précipitation, lorsqu'elle avait quitté le domicile conjugal. On a pris un verre. Je ne la reconnaissais plus. Elle avait les cheveux plus longs. Elle ne persiflait pas. Elle ne souriait pas non plus. Elle m'a dit que, lorsqu'elle attendait Lucie, elle avait fait suivre Christophe. Je n'en avais jamais rien su. Christophe non plus. Je crois qu'il ne sait toujours pas, d'ailleurs.

Elle ne m'a pas dit qu'elle quittait Christophe à cause de ce qu'elle avait découvert. C'était tellement ancien, du reste, qu'on peinerait à établir un lien. Mais il y en avait sans doute un. Je le lisais dans ses yeux. Pour la première fois, je voyais de la tristesse dans les yeux d'Armande. Nous aurions pu en voir avant. Mais nous avons été aveugles. Nous avons préféré l'être.

Après, je me suis demandé pourquoi Armande avait voulu me raconter ça. Elle avait parlé sans hargne, avec une mélancolie imperceptiblement teintée d'amertume. Elle a avoué qu'elle avait souffert, pendant, après. J'ai senti qu'elle voulait régler un compte.

Jamais je n'avais été aussi proche d'elle. Pourtant, elle sortait de ma vie.

Tandis qu'Armande me parlait, j'ai pensé à ce que Christophe et moi vivions au même moment. Mais elle en ignorait tout, probablement.

Peut-être qu'encore aujourd'hui les hommes ont toujours tendance à prendre les femmes pour plus connes qu'elles ne le sont. Les leurs, en particulier. C'est ce que Christophe et moi avons fait pendant longtemps. Trop longtemps.

Les cons, c'était nous.

AUBIN

Armande est morte, ça c'est certain. Mais ça veut dire quoi, être mort ? À partir de quand l'est-on exactement ?

Un mercredi de janvier dernier, en début de soirée, mon chat Pétrus est rentré chez moi en titubant. Sa tête faisait des mouvements brusques, incohérents. Le temps de l'amener aux urgences vétérinaires, il était comateux, secoué de spasmes, avec les moustaches qui frémissaient constamment. « C'est sans doute un empoisonnement », a dit le véto. Pétrus ne sort guère du jardin, mais cela peut lui arriver de loin en loin. Chez les voisins, tout est possible : il peut avaler de la mort-aux-rats, ou bien de l'antigel. On l'a mis sous perf et on m'a demandé de revenir trois heures plus tard. Vers onze heures, lorsque je me suis représenté à la clinique vétérinaire, il était entré pour de bon dans le coma. Le véto, un type dans la quarantaine, très sympa, m'a dit qu'il n'y avait rien d'autre à faire qu'attendre. Que si Pétrus restait plus de quarante-huit heures dans le coma il était perdu, mais que, jusque-là, il y avait de l'espoir. Je suis rentré chez moi au bord des larmes. Oh ! allez ! avouons-le : j'ai versé quelques larmes. J'ai d'abord culpabilisé. Lorsque j'avais tant pleuré, en 2006, il y avait une *bonne* raison. Là, il s'agissait *seulement* d'un chat. Moi-même, avant d'en avoir un, je n'aurais pas compris. Il y a deux ans, juste avant que j'aie Pétrus, les Viguier ont perdu leur vieux labrador. Mme Viguier m'a dit qu'une voisine l'avait appelée pour lui témoigner sa compassion. Des condoléances, en quelque sorte, comme nous aujourd'hui avec la mère et le frère d'Armande. J'avais trouvé ça loufoque. Maintenant, je comprends. Oui, on peut aimer un animal. Ce n'est pas pour autant qu'on n'aime pas les humains. Ces deux formes d'amour peuvent très bien coexister. Au bout d'une ou deux heures, couché dans mon lit, je me suis donné le droit d'aimer Pétrus. Et j'ai vraiment pleuré.

Le lendemain matin, je travaillais à Cabris. J'ai appelé la clinique. Pétrus était dans le même état. On m'a répété ce qui m'avait été dit la veille : il n'y avait rien d'autre à faire qu'attendre. Heureusement, j'avais plein de boulot. Sinon, j'aurais été rongé par l'inquiétude. Vers seize heures, Éloi et sa mère sont venus vers moi. Ils m'ont dit d'aller voir Pétrus.

La clinique était organisée de la façon suivante : au rez-de-chaussée, l'accueil, les salles d'examen et d'intervention ; au sous-sol, la clinique proprement dite, c'est-à-dire les cages avec les animaux hospitalisés. L'assistante m'a mené à la cage de Pétrus et m'a dit que le véto descendrait dans quelques minutes. Mon chat dormait les yeux ouverts sur une petite couverture miteuse. Il n'avait pas de regard. On aurait dit un cadavre. Je glissai un doigt à travers les barreaux pour caresser sa patte, rasée pour la perf. Je lui parlai. Aucune réaction. Le véto est arrivé. Pas celui de la veille.

Je ne sais plus ce que l'on s'est dit. Mais l'heure n'était plus à l'optimisme.

Le matin suivant, au téléphone, l'assistante m'a dit que l'état de Pétrus était stationnaire. Elle m'a fait comprendre que le pronostic était très sombre. Je le savais. J'avais surfé sur le Net. Une journée affreuse. Heureusement qu'au travail tout le monde était hypergentil, particulièrement Éloi et Mme Viguier. J'ai eu maman au téléphone. Elle a compati, mais je la sentais loin de tout ça. Je peux la comprendre. Elle n'a jamais eu d'animal de compagnie, à part des poissons ou des oiseaux. Et puis elle a dû faire une comparaison. Elle était comme moi avant Pétrus. Le soir, à la clinique, je suis de nouveau descendu le voir avant que le véto se présente. Je suppose qu'ils procèdent toujours ainsi. C'est très bien d'ailleurs. Pétrus n'avait pas recouvré sa conscience. Il avait toujours les yeux ouverts. J'ai trouvé son regard un peu moins vide, mais je me suis dit que je me faisais peut-être un film. Pourtant, lorsque j'ai mis mes mains en cornet pour lui murmurer : « Tiens bon, Pétrus ! je t'aime ! », il m'a semblé le voir frémir imperceptiblement. Le véto du premier soir est arrivé. Je pleurais un peu. Il a été très doux, mais il m'a dit que tout était dans le rouge. Lorsque je lui ai demandé s'il restait un petit espoir, il m'a répondu que non. Je ne me sentais pas le courage de donner l'ordre de débrancher Pétrus. Nous sommes convenus, le véto et moi, de laisser passer la nuit pour que je puisse apprivoiser l'idée, et que je reviendrais le lendemain matin. « Il sera peut-être parti de lui-même dans l'intervalle », a dit le véto.

Le samedi, lorsque je suis arrivé à la clinique, j'étais effondré. J'avais passé la nuit à penser à Pétrus, à l'endroit où j'allais l'enterrer dans le jardin. À l'accueil, une autre fille que celle que j'avais vue officiait. Il y avait du monde. L'attente était affreuse. Lorsque mon tour est venu, et que j'ai nommé mon chat, la fille m'a dit : « C'est pour un départ ? » J'ai presque ricané. « Je ne crois pas, malheureusement. » Quelques minutes plus tard, elle m'a fait signe. Elle ne m'a pas proposé de descendre à la salle des animaux. J'y ai vu la confirmation de ce que je redoutais. Je n'osais poser aucune question. Elle a ouvert une porte. Le véto du premier soir se tenait debout derrière une table. Sur la table, Pétrus, debout, miaulait.

Inutile de dire ma joie ! Et ma stupéfaction. Le véto a été très humble. Il m'a dit que j'avais sauvé la vie de mon chat en lui octroyant ce sursis et, peut-être, en lui faisant entendre ma voix : la veille, Pétrus avait manifesté les premiers signes de réveil immédiatement après mon départ.

Cette histoire m'a fait beaucoup réfléchir. Si j'avais écouté le véto, le vendredi soir, on aurait débranché Pétrus et il serait mort. Le cas pourrait se produire avec un être humain.

Plus tard, sur le Net, j'ai regardé une conférence sur le thème : Les animaux ont-ils une âme ? Il y avait un rabbin, un véto et une philosophe. Certes, on parlait des êtres dits « évolués » : les chiens, les chats… Mais tout de même, leur conclusion était que oui. Et c'était des gens sérieux. J'oserais dire cartésiens. Aujourd'hui, je me dis que, si les bêtes ont une âme, elles vont au ciel. Sinon, ça veut dire quoi, avoir une âme ? D'ailleurs, je me souviens qu'autrefois papa avait lu la correspondance de la princesse Palatine avec Leibniz et qu'ils pensaient tous les deux que tel était le cas. À l'époque, j'écoutais à peine. Juste assez pour m'en souvenir aujourd'hui.

S'il n'est pas ridicule de supposer que les animaux vont au ciel, ça l'est encore moins d'y croire pour les humains.

J'aimerais croire que la vie et la mort sont deux états comparables. Alors, ce ne serait pas si triste que quelqu'un meure.

Alors, Armande existerait toujours, ailleurs que sous la terre. Peut-être serait-elle heureuse. Mes parents prétendent qu'elle ne l'était pas. Pourtant, je suis sûr que ça lui irait bien.

PÉTRUS

Je l'entends beaucoup, là. Mais il ne me parle pas. Il est toujours loin. Il me manque.

ARMANDE

Blanche et Lucie n'étaient pas préparées à ma mort. Elles ne le sont guère plus à la vie. J'ai été déçue que mes filles se marient jeunes, heureusement en continuant à bosser, Blanche comme agent immobilier et Lucie comme prof de maths (la seule matheuse de la famille). J'aurais voulu qu'elles fassent ce que j'avais omis de faire : profiter. Elles sont certainement persuadées qu'être aux côtés de l'homme qu'elles aiment, c'est profiter. Je peux l'admettre. Mes gendres sont des garçons bien. Mais j'ai peur pour elles : Christophe aussi avait tout du garçon bien lorsque je l'ai rencontré.

D'accord, si les filles avaient attendu d'avoir, mettons, trente ans pour se marier et avoir des enfants, ça ne les aurait pas nécessairement empêchées de mal choisir. On peut mal choisir à tout âge. Mais, au moins, elles n'auraient pas eu le regret d'avoir sacrifié leur jeunesse. Car, pour moi, la jeunesse, ça n'est pas ma jeunesse. Ce n'est pas le mari qui attend l'heure du dîner, les couches, les nuits blanches et les petits pots. C'est, ou ça devrait être, les sorties entre copains, les discussions jusqu'à quatre heures du mat sur un vieux canapé défoncé, les voyages avec un sac sur le dos et aussi peu d'argent que possible. Je n'ai pas eu tout ça, ou si peu de temps. J'ai toujours eu la nostalgie des années 1980 qui étaient encore très festives, avec la fin du disco, tous ces chanteurs français, des lieux mythiques comme Le Palace. J'aurais voulu les vivre pleinement, alors que, très vite, après avoir rencontré Christophe, je me suis glissée dans l'univers d'une petite épouse conventionnelle qui accompagnait son mari dîner chez des amis au lieu de se déhancher à La Scala. Si Blanche et Lucie étaient restées célibataires plus longtemps, elles auraient un peu vécu pour elles. C'est ça : vécu pour elles. Pour être capable de bien donner aux autres, surtout peut-être au conjoint, aux enfants, il faut avoir fait le plein. Le plein d'amour, de joie, d'expérience. Sinon, on donne quoi ?

Lorsque je me suis mariée, j'étais vide. Ensuite, le peu que j'avais réussi à emmagasiner a été abîmé, pollué. J'ai essayé de me rattraper avec de l'humour, en chatouillant les gens pour les faire rire, en étant parfois celle qui peut les écouter. Sans doute ai-je à peu près réussi dans ce registre-là. Mais cela ne m'a pas suffi. J'aurais voulu donner plus. Donner plus et recevoir plus. Je dis bien « donner plus *et* recevoir plus » – pas « donner plus *pour* recevoir plus ».

Quand je revois ma vie, j'ai l'image de robinets fermés, ou à peine ouverts. Je donnais avec parcimonie – parce que je ne savais pas faire autrement. Je recevais avec parcimonie – parce que, sous mes airs décontractés, j'étais fermée. Je croyais me protéger en me blindant. Je sais que c'était une erreur. Quels que soient les coups que l'on reçoit, il faut s'ouvrir. Non pas pour recevoir d'autres coups, mais parce que c'est la seule façon de recevoir le bien.

Blanche et Lucie ne sont pas fermées. Elles pensent certainement avoir fait le bon choix. Mais comment réagiraient-elles si Rodolphe et David les trompaient, ou les quittaient ? Elles auraient du mal à rebondir, parce qu'elles ne sont pas construites elles-mêmes. Elles se sont construites à travers leur famille. La famille parentale d'abord, et la nôtre ce n'était déjà pas terrible comme fondement, puis la leur ensuite. Elles sont donc en danger.

Ce que je vous confie maintenant, je ne l'ai pas dit à mes filles lorsqu'il était encore temps, et pas seulement parce qu'elles n'auraient pas voulu l'entendre, mais aussi parce que cela me convenait. Aborder ce type de sujets m'aurait conduite à parler de moi, de moi et de leur père. Je ne voulais pas. Il n'y a qu'avec Patricia que je verbalisais de temps à autre, mais elle bottait en touche. Peut-être pressentait-elle que c'était un terrain glissant, et là c'était elle qui se blindait.

Les dernières années, je voyais bien qu'Aubin regardait toujours dans la même direction que les filles ou moi. Une fois, j'ai attrapé son regard. Il a baissé les yeux. Il avait vu que j'avais compris. Émilien et Patricia n'ont jamais rien remarqué. Classique pour des parents. Christophe non plus. Mais Christophe n'est pas intéressé par tout ça. Dans les heures qui ont suivi notre échange de regards, je me suis montrée proche d'Aubin, complice, disponible. J'aurais voulu qu'il se confie. Mais ce n'était pas suffisant et ce n'est pas allé plus loin.

Ma vie, c'est l'histoire de verrous trop serrés, dans lesquels des fluides nocifs ont trop longtemps macéré. Mon cœur était rouillé. Que me restait-il ?

APRÈS LA CÉRÉMONIE

CHRISTOPHE

Allongée sur la vieille méridienne, dans la bibliothèque de sa grand-mère, Blanche dort. Ce n'est plus une femme, une mère : c'est ma fille ; et je retrouve des émotions oubliées. À travers la porte, le brouhaha assourdi des conversations nous parvient. Blanche m'a rendu service lorsque, en arrivant ici, elle a dit qu'elle avait besoin de s'allonger. Tout le monde admet cela chez une femme enceinte de six mois. J'ai proposé de l'accompagner dans la bibliothèque pour m'assurer que tout allait bien, déchargeant mon gendre de cette responsabilité. Là encore, personne n'a trouvé à redire.

Je regarde ma fille dormir. Je peux la remercier : en l'état, elle m'évite d'avoir à écouter, à dire et à répéter les mêmes mots à toutes sortes de personnes que je connais à peine – voire pas du tout. Blanche, peut-être, poursuivait aussi cet objectif.

Je suis assis dans le fauteuil du grand-père de mes filles. J'ai du mal à dire « de mon *ex*-beau-père », même s'il est mort après le divorce. J'ai du mal à admettre que la famille d'Armande n'est plus la mienne. Mais j'ai aussi du mal à admettre qu'elle l'est toujours. Je suis, à cet égard, dans un espace imprécis. Dans une zone de non-droit. J'ai toujours voulu figer mon entourage. J'ai voulu qu'Armande soit ma femme et le reste, alors que ce n'était plus ça. (De la même façon, j'ai voulu qu'Émilien soit mon ami et le reste, à cette différence près qu'il l'est resté.) Et si Armande était ma femme, sa famille devait être la mienne. Elle doit l'être encore aujourd'hui, puisque je la partage avec mes filles. Pourtant, je sais que tout cela, ce sont en grande partie des idées qu'on se met dans la tête. Comment un mariage pourrait-il vraiment, aujourd'hui, créer une parentèle, quand on sait à quel point ce lien est devenu précaire ? Les familles *recomposées*, ce sont en fait des familles *décomposées*. La famille, c'est la constance. Ou ça devrait l'être. Mais où trouver cette constance désormais ? Réduire la famille à des gènes partagés, c'est en faire une enveloppe sèche, et dépourvue de sens puisqu'il ne devrait s'agir que de sentiments : le partage des gènes n'a jamais garanti le partage de l'affection.

Blanche, ma chérie. Je ne sais pas si je t'aime parce que tu es ma fille. Peut-être. Sans doute. Mais je t'aime. Je me revois dans cette pièce, avec tes grands-parents qui avaient à peu près mon âge, et ta mère enceinte de toi, comme tu l'es aujourd'hui d'un nouvel enfant. Nous étions gais. Tout était ouvert. Je voudrais tellement garantir qu'il en soit ainsi pour toi toute ta vie. Que tu ne sois pas piégée comme nous dans une gangue de désillusions née de nos égoïsmes, de nos lâchetés, de notre irresponsabilité et de nos certitudes absurdes. Mais peut-être est-ce déjà fait. Comment puis-je te protéger ? Tu es déjà loin de la rive sur laquelle, toute jeune adulte, je t'ai abandonnée.

Dans dix ou quinze minutes, ma fille se réveillera, ou il faudra que je la réveille. Nous devrons rejoindre les autres. On sera gentil avec moi. Benoîte, la mère d'Armande, et son frère Maxence sont toujours charmants. Pour eux, je suis une victime. Je suis celui qui a offert une jolie vie à ma petite incapable d'épouse. Je suis celui qu'elle a plaqué pour se rabattre sur un mec de trente ans. Et, pour finir, je suis celui qu'elle laisse avec deux demi-orphelines. Et c'est comme cela aussi que me voient les autres, à peu près tous, y compris Blanche et Lucie, certainement.

J'ai envie de dire qui je suis. Un homme pas si bien que ça, pas si raisonnable que ça. Je n'ai pas commis de crime, d'accord. Mais je ne suis pas à la hauteur de celui que j'aurais voulu être. De celui que j'aurais dû être.

Émilien en a fait plus que moi. Mais je crois qu'il est moins dans le remords. Pour lui, quelque part, bifurquer, c'est romanesque. Pour moi, c'est se perdre.

Et je me suis perdu.

Pour ne jamais me retrouver tout à fait.

MARGAUX

Ce qui est cool, quand on clope, c'est qu'on a un bon prétexte pour s'isoler. Personne ne vous demande s'il y a un problème, si on a besoin de quoi que ce soit… Et on vous laisse dans votre coin. D'où ma présence sur le balcon de Mme Coursac. Il est peu probable que quiconque m'y rejoigne pour me tenir compagnie car il pleut de nouveau un peu.

Je ne suis pas du genre à tout observer ou à tout décortiquer, comme Aubin, mais là je le fais. Je suis stupéfiée par la vitesse à laquelle la vie reprend ses droits. Tout le monde est là à bouffer les fruits et les pâtisseries à disposition, à boire du café, et à parler de tout et de rien, mais très peu d'Armande.

Blanche a disparu. Je l'ai cherchée pour lui parler un peu, sans la trouver. Elle s'est peut-être réfugiée dans sa chambre d'enfant. J'ai abordé Lucie, mais elle m'a fait comprendre qu'elle en avait assez qu'on lui parle de sa mère. Et elle n'était pas du tout en état d'évoquer des banalités. Ça a donc tourné court. On a échangé nos numéros de portable et on s'est promis de s'appeler, sachant très bien l'une et l'autre que nous ne tiendrions pas cette promesse. Tout le monde tourne autour de Mme Coursac, car c'est elle qu'on plaint le plus – et c'est normal. Les autres, d'après les bribes que j'ai entendues ici et là, parlent des vacances (normal aussi, puisqu'on est en juillet), du boulot, des gosses, de la vie, quoi. Comme s'il s'agissait d'une réunion semblable à une autre, et comme si cela effaçait la mort d'Armande et, mieux encore, la mort en général. Et lorsque je vais rentrer dans la pièce, j'agirai de même. Je me montrerai enjouée.

Tout ça, c'est bien le signe que l'on a un problème avec la mort. Si on l'acceptait, on en parlerait. Mais pour qu'elle soit acceptable, il faudrait que ce ne soit pas grave. Et pour que ce ne soit pas grave, il faudrait avoir la certitude qu'elle ne constitue pas une fin. La plupart des gens sont sûrs du contraire. Mais ils le refoulent. Et ils sont là, à la messe, à reprendre à leur compte les conneries du curé qui parle de rendez-vous dans l'au-delà. On devrait plutôt profiter de la vie. Mais profiter de la vie, ça veut dire quoi ?

Je ne suis pas du tout certaine de vouloir des enfants. Peut-être que je changerai d'avis à quarante ans, prise de panique, comme tant d'autres. Quand je vois Blanche ou Lucie, j'ai l'impression de voir ma mère en plus jeune. Et ma mère n'est pas un modèle de bonheur pour moi. Je l'ai toujours connue stressée avec des problèmes qui n'en sont pas : est-ce qu'il faut repeindre l'entrée avant ou après la salle de bains, est-ce qu'il faut remplacer les vieux bambous de Carrouges par des lauriers-roses ou par des lavandes, etc. Mais je ne suis pas sûre que mes histoires de marchés et de produits financiers soient plus intéressantes. L'amour, je n'y crois pas trop. Alors, il y a quoi ?

J'ai plaisir à voir les copines, à prendre des verres, à passer huit jours à New York avec une bonne amie. J'ai l'âge pour tout ça. Mais après ? Quand j'aurai, disons… trente ans ? Ça semble loin, mais c'est demain.

Il va falloir que je me trouve un but qui me fasse exister plus fort, sérieux ! Il va falloir que j'aie le courage d'envoyer promener les cons, avec leur vie à la con, et que je me découvre une vraie vie. J'aimerais monter une affaire, un projet sur le Net auquel personne n'a encore pensé. J'ai bien quelques idées. Mais le problème, c'est que je n'ai pas encore ce courage car je sais bien que c'est risqué et qu'il me faudra accepter de gagner moins d'argent au début. Au lieu de ça, je reste scotchée à des conneries : aux stilettos Louboutin que j'ai repérés sur un site et que je vais pouvoir m'offrir avec ma prochaine prime… *and so what ? next ?* Un jean skinny bleu nuit ? Je m'en veux d'avancer encore avec ce genre de carottes, mais c'est le cas. Et puis, j'ai beau raconter que je m'en fous, je continue à me soucier de l'opinion que les parents ont de moi. Je vois bien qu'ils sont contents que j'esquisse une *vraie* carrière, qui les rassure (surtout papa qui professe que ce n'est pas le moment de créer sa boîte et que je suis trop jeune pour ça). Que je ne fasse pas comme Aubin qui, à leurs yeux, se gâche. C'est horrible : s'ils étaient morts, je me sentirais beaucoup plus libre, et je pense sincèrement que je vivrais autrement. Mais ils ne sont pas si vieux, ils sont en forme, et je souhaite les garder longtemps ! S'ils meurent dans trente ou quarante ans, ce qui ne serait même pas un record, je serais trop vieille pour changer de vie. Et si je le faisais à ce moment-là, j'aurais perdu combien de temps ?

Je continue donc à errer dans mon marécage et à perdre du temps avec Simon, qui fait partie de ce marécage, d'ailleurs. Qui en constitue peut-être la pièce maîtresse.

En fait, pour les parents, et pour plein d'autres gens qui nous connaissent, je suis bien partie dans la vie, par rapport à Aubin, par exemple. Ah oui ? Je n'en suis pas convaincue.

Ce qui va peut-être me sauver, c'est que je vois tout ça à vingt-trois ans.

Mais ne s'agit-il pas d'un petit éclair de lucidité qui va s'éteindre comme il est né ?

ARMANDE

Patricia est restée élégante. Je veux dire par là que rien ne jure dans ses tenues. Les matières sont toujours belles. Les coupes sont toujours raffinées. C'est inné chez elle, de toute façon. Il faudrait qu'elle se concentre pour choisir un pull moche ou une jupe qui la boudine. Mais, ce qu'elle a perdu, c'est la volonté d'être remarquée. De faire *plus*. Ses cheveux sont noués à la va-vite derrière la tête. Le maquillage est réduit au minimum syndical : un peu de mascara, voire un rouge à lèvres assez neutre. On pourrait croire que c'est parce que, l'âge venant, elle ne se trouve plus assez bien pour mériter des efforts. Ce n'est pas ça. Elle est toujours séduisante. De nos jours, une femme peut continuer à plaire jusqu'à soixante ou soixante-dix ans, du moment qu'elle prend soin d'elle. On pourrait croire que c'est parce que, l'âge venant, elle prend conscience de la futilité de la coquetterie. Ce n'est pas ça non plus. Elle n'est pas devenue une cérébrale pour autant. Le temps qu'elle passait à faire les boutiques ou chez son coiffeur n'a pas été réinvesti. Si ce n'est dans de sombres pensées. Et même cela, je n'en suis pas certaine : Patricia a pris l'habitude de se réfugier dans un flou, un nuage opaque où les pensées sont réduites au minimum ; car choisir les produits au marché ou mettre le couvert pour trois, ça n'est pas vraiment penser. Heureusement que Renaud est encore à la maison. Sinon, il n'y aurait plus grand-chose.

Qu'y avait-il avant ? Avant que tout soit bouleversé. Il y avait des bêtises, souvent, beaucoup, qui nous rendaient joyeuses, Patricia et moi. Et même heureuses, à l'occasion. Des bêtises utiles, parce que nous y trouvions du plaisir et parce qu'elles faisaient écran avec ce qu'il y avait de décevant, de moche, dans notre vie.

En 1997, nous avons fêté les dix ans de Desforges-de Graaf. Quelques mois plus tard, nous avons refêté cela en partant tous les quatre au Bellerive, à l'île Maurice. Mais j'en reviens à la vraie fête, celle de novembre 1997. D'une manière générale, je redoutais la rentrée. Nous passions le mois d'août à Carrouges. (D'ailleurs, si Émilien et Patricia prenaient parfois des vacances sans nous, Christophe et moi-même ne sommes partis sans eux que deux ou trois fois, et avec d'autres amis.) En septembre, il fallait laisser tomber les robes de plage et les sandales pour remettre les rébarbatives tenues de demi-saison. Je me retrouvais en tête à tête avec Christophe, comme adulte, je veux dire. Il fallait que je m'occupe des détails hyperchiants de la rentrée des filles et que je feigne de m'y intéresser pour qu'on ne me colle pas l'étiquette de mauvaise mère : faut-il acheter un cartable ou un sac à dos ? un jean est-il adapté pour une fille de neuf ans ? doit-on autoriser Blanche à aller en classe avec un trait d'eye-liner ? etc. Heureusement, la période entre la rentrée et Noël, coupée par les vacances de la Toussaint, passait toujours assez vite, et les fêtes de fin d'année c'est plutôt un moment sympa avec les rues décorées, les bons repas et le joli sapin. Le mois de septembre 1997, par exception, a été un des moments les plus gais de ma vie. Émilien et Christophe nous avaient donné carte blanche, à Patricia et à moi, pour tout organiser. Nous avions un budget très confortable. Avant l'été, nous avions réservé les salons d'un hôtel et lancé les invitations pour deux cents personnes, clients, prestataires et amis. C'était un peu comme pour un mariage, mais beaucoup plus cool. Ce sont les parents qui organisent le nôtre, et, quand arrive le moment de préparer celui des enfants, on se dispute avec eux parce qu'on n'a pas les mêmes goûts ni les mêmes priorités, et on déprime parce que l'on se rend brutalement compte qu'on a pris vingt-cinq ou trente ans et qu'on est très loin d'avoir réalisé le quart de ce dont on rêvait. Là, on était encore jeunes, et on organisait à notre gré une fête digne d'un mariage. On a discuté des heures de la déco, des fleurs. On a passé un temps fou chez le traiteur pour des dégustations. Je me souviens du choix des vins et du champagne. Le sommelier était très sympa (d'ailleurs, après, lui et moi…), on riait comme des folles. On a essayé des tonnes de tenues, plein de bijoux. J'ai accompagné Patricia plusieurs fois chez le coiffeur car elle hésitait entre différentes façons d'arranger ses longs cheveux. Je ne me souviens plus de m'être occupée cette année-là des cartables ou des livres scolaires. Ça a dû être sacrément vite expédié. Je me rappelle que ça a été formidable, et m'être dit que les choix que j'avais faits n'étaient pas si mauvais.

La fête a eu lieu. Elle était magnifique. Nos maris étaient fiers de nous. Ils l'ont dit. Ils l'ont montré. À quatre heures du matin, dans la voiture, en rentrant chez nous, Christophe et moi avons devisé gaiement sur la soirée. Il n'y avait plus d'arrière-pensées entre nous. Cela ne nous était pas arrivé depuis… pff… J'ai regardé mon mari. Il était juvénile. Il faisait froid, mais il avait ouvert la vitre. Ses cheveux volaient. Je me suis dit qu'on allait arrêter nos sottises. Que tout ça n'était pas si grave. Nous nous sommes couchés et endormis presque aussitôt. En me levant, j'ai tout de suite compris que je ne ferais pas ce pas vers Christophe. Peut-être parce que je savais qu'il était incapable de le faire. Ce que je ne pouvais pas pardonner, ce n'était pas la trahison, mais qu'il se satisfasse de la situation qui en avait résulté – même s'il n'a manifestement jamais fait le lien entre ces deux paramètres ou, peut-être bien, surtout parce qu'il ne l'a jamais fait.

Un demi-siècle sur terre, et, parmi les moments les plus forts, les dix ans de la boîte de mon mari… Évidemment, je ne peux pas me dire qu'il n'y avait pas un problème. Mais je n'ai pas voulu me le dire. Ou alors, j'ai minimisé.

ÉMILIEN

Je viens de croiser Margaux en sortant sur le balcon, ma tasse de café à la main. Elle rentrait. Elle m'a souri et je lui ai rendu son sourire. Nous ne nous sommes pas parlé – nous le ferons ce soir, puisqu'elle dînera avec nous.

J'ai bien vu que ma fille fumait. Elle ne s'en cache pas vraiment. Elle est seulement discrète. Pourquoi faut-il que l'on se fasse continuellement du souci pour ses enfants ? C'est terrible parce que, quand ils sont adultes, on ne maîtrise rien. Et on ne peut trop rien dire car ils nous enverraient bouler. Évidemment, lorsque je vois Margaux fumer, je pense au cancer et aux problèmes de santé. Mais je sais que, pour elle, à vingt-trois ans, sa propre mort n'est qu'un concept. Avec l'histoire qui est la sienne, on pourrait croire qu'elle y pense un peu, malgré tout. Je suis persuadé que non, qu'elle croit s'en protéger en la défiant, que pour elle c'est une façon de lui dire : « Tu ne m'auras pas. Pas maintenant. »

Et puis, j'ai le sentiment que les jeunes sont moins vulnérables que nous ne l'étions.

Les gens de mon âge ont vécu le basculement d'un monde constant vers un nouveau monde, mobile, incertain. Nous ne nous en sommes pas rendu compte tout de suite. J'étais adulte lorsque sont apparus les fax, puis les mobiles, puis les ordinateurs dans tous les bureaux, puis les ordinateurs dans tous les foyers. Ça encore… J'étais adulte lorsqu'on a commencé à parler de la couche d'ozone, puis de la disparition des espèces, puis du réchauffement climatique. J'étais adulte lorsqu'on a commencé à parler des problèmes d'immigration, des beurs, puis des Roms, puis des réfugiés. J'étais adulte lorsque l'islam s'est développé en France, puis ses dérives. J'étais adulte lorsque autour de moi des cadres de quarante ans, de cinquante ans, ont commencé à perdre leur boulot en nombre, sans en retrouver. Bref, des tas de problèmes nouveaux sans solution. Les gouvernements posent des rustines, mais cela ne suffira pas. Je crois qu'il va nous falloir réinventer un nouvel univers, mais qu'on ne sait pas encore lequel. Et je suis persuadé que je ne le verrai pas. Parce que, s'il sera peut-être meilleur, il mettra longtemps à naître des soubresauts du précédent. Ma génération va devoir passer le temps qui lui reste dans une société à l'agonie. Il nous faut apprivoiser tout ça – vivre avec. S'il ne s'agissait que de nous… Le souci, c'est nos enfants. On voudrait ne pas mourir en les laissant là-dedans.

Les générations qui nous suivent, les jeunes, Aubin, Margaux, voient ce qui nous entoure autrement. Ils sont nés avec toutes ces alertes. Ils ont grandi avec. Ils ne sont pas à la traîne, comme nous autres. Ils bougent au même rythme que le monde, c'est-à-dire très vite. Aujourd'hui, ils sont là, demain ils seront ailleurs. Aujourd'hui, ils ont un boulot, demain ils en auront un autre. Ou pas. Aujourd'hui, ils sont avec telle personne, demain ils seront avec telle autre. Ou seuls. Ils sont plus dans l'instant que nous, ils en profitent davantage et ils donnent moins que nous au futur l'opportunité de leur gâcher le présent. C'est peut-être mieux car nous vivions dans le futur : le plan de carrière, les économies pour acheter un appart, les enfants que nous allions faire. Nous nous mettions la pression. Et nous étions amers lorsque notre présent se substituait à l'avenir que nous avions imaginé et que, le plus souvent, nous lui aurions préféré.

J'aimerais en parler avec mes enfants. Je ne le ferai pas car je ne veux pas leur montrer que je m'inquiète pour eux. C'est curieux, c'est avec les gens que l'on veut protéger que l'on communique le moins sur certains sujets. Peut-être avons-nous tort, peut-être pourrions-nous nous rasséréner mutuellement en échangeant. Mais c'est ainsi.

Avant, je parlais beaucoup avec Christophe. Il est sans doute l'être humain avec lequel j'ai le plus parlé. C'était avant. Pourquoi est-ce que cela a cessé, ou presque ? Je m'étais rapproché de lui lorsque j'avais rencontré Sylvie, en dépit des apparences. Mais je me suis un peu désolidarisé de lui pour de bon après la naissance de Renaud. À moins que ce ne soit après… Oui, peut-être bien.

Je critique Patricia, je dis qu'elle s'est fermée comme une huître, qu'elle lèche ses plaies, mais, moi, je fais pareil. Sauf que ça se voit moins. Je fais semblant d'être dans la vie. Peut-être va-t-il falloir que j'envisage d'y entrer de nouveau. Mais par quelle porte ?

ARMANDE

Lorsque j'étais petite, mon père m'avait expliqué que l'espace était infini. J'avais du mal à comprendre. Il m'avait dit : « Admettons qu'à un endroit, très loin, après la Lune, après Mars, il y ait un mur. Et alors, derrière ce mur ? il y a forcément quelque chose. Lorsque ce quelque chose s'arrête, il y a forcément une autre chose après. L'espace ne s'arrête jamais. Ça ne *peut pas* s'arrêter. C'est ça, l'infini. »

Je me souviens d'avoir été convaincue. Mais j'avais eu le vertige. L'infini est simple mais incompréhensible, donc terrifiant.

La mort, c'est du même ordre : elle ne s'arrête pas un jour. On meurt pour l'éternité. La durée d'une vie humaine est nécessairement infime au regard de cette éternité. Et encore, dans mon cas, peut-on parler d'une véritable vie, malgré tout – en temps passé. J'ai eu une jeunesse complète. J'ai élevé des enfants. Lorsque l'on meurt jeune ou très jeune, le décès engloutit la vie, la dissout. Il n'en reste plus que la disparition.

Je pense à Jehan, à cette étincelle soufflée par un vent mauvais à l'aube de ses possibles.

MME COURSAC

Ils ne s'aperçoivent pas que je suis à bout ? D'un autre côté, ils ne peuvent pas ne pas me parler. Et ils ne peuvent pas ne pas s'exprimer comme je m'exprimerais moi-même à leur place : « Je ne sais pas quoi te dire, mais je suis de tout cœur avec toi » ; ou, pire encore : « Si je peux faire quelque chose… » Quoi ? Me rendre ma fille ? Non, tu ne peux rien faire, hélas !

Pour m'isoler, j'ai hésité entre les toilettes et la salle de bains. Mais je ne peux pas mobiliser les toilettes avec tout ce monde chez moi. Alors que personne, en dehors de mes petites-filles, n'a de raison d'aller dans ma salle de bains. J'en profite pour me remaquiller. Je suis presque surprise de retrouver ma tête. Certes, j'ai les yeux un peu rouges, mais sans plus. En moi, tout est bouleversé, mais c'est déjà presque indécelable et ce le sera complètement demain. Alors, est-ce que mon esprit va finir par imiter mon corps, c'est-à-dire par revenir à une forme de normalité ? Sans doute que oui. Quand j'ai perdu Henri, j'ai cru que je ne pourrais pas m'en relever. Finalement, je vis très bien sans lui. Il est vrai que perdre un mari, ce n'est pas perdre un enfant et que, même s'il était encore jeune pour mourir, il avait la plus grande partie de sa vie derrière lui, alors qu'Armande n'était qu'au milieu du gué. En plus, avec Henri, on ne s'entendait pas si bien que ça. Depuis qu'il n'avait plus d'activité, il tournait en rond. Il vivait mal le fait d'être un vieux que plus personne ne sollicitait, dont plus personne ne demandait les conseils. Tout dépendait de moi, de ce que je faisais, de ce que je ne faisais pas, du repas que nous allions prendre ou de celui que je n'avais pas encore préparé. J'avais pris ma retraite avant lui. J'avais immédiatement pris le pli d'une jeune senior dynamique : bénévolat, cours de gym, club de rando, expos… Il se sentait exclu de tout ça et c'est vrai que je n'avais pas envie qu'il m'accompagne. D'ailleurs, toutes ces activités ne l'intéressaient pas. Comme la plupart des hommes de son âge, il s'était totalement investi dans son travail, puis assez vite dans ses activités politiques : les campagnes, les mandats locaux… Il n'avait pas appris à cultiver d'autres espaces. Du coup, après, il n'était plus rien. Et j'étais censée remplir ce vide, en le valorisant autant que possible puisque personne n'allait le faire à ma place. C'était compliqué pour moi : je culpabilisais lorsque je vaquais seule à mes occupations, et j'étais frustrée si je les négligeais pour rester avec lui. Je m'aigrissais. Je devenais maussade, cassante. Si la situation avait perduré, cela aurait fini par devenir un vrai problème entre nous. Le destin en a voulu autrement. Aujourd'hui, Henri me manque, mais je sais que je suis plus heureuse seule. Je me l'avoue sans culpabilité. Cela ne veut pas dire que je n'aimais pas mon mari. Les autres femmes me comprendront : je suis libre de me lever à six heures ou à neuf, de déjeuner à table ou d'un sandwich ou encore pas du tout, de me coucher à dix heures ou de veiller jusqu'à minuit et… c'est formidable ! Si c'est douloureux de perdre le compagnon d'une vie, j'ai gagné pour partie à cette perte (pardon de penser cela, Henri !) : une existence plus légère, plus active, plus jeune. Alors que je ne gagne rien à perdre Armande. C'est une perte sèche. Heureusement que j'ai Maxence. Mais Maxence est un garçon, il est marié et, surtout, il vit à l'autre bout du monde.

Néanmoins, je sens déjà que je vais cicatriser. Lorsque j'ai dû organiser ce buffet, pratiquement seule, je me suis surprise à agir, à réagir, comme si ma fille n'était pas morte. Je me préoccupais des mets à choisir, des boissons adéquates, et même de la décoration de la table. Je (re)vivais. Le chagrin m'envahissait par vagues, puis refluait, chassé par le concret.

En somme, je pense que je serai moins hantée par la disparition de ma fille que par les raisons de cette disparition. Lorsque Blanche m'a appelée, après l'accident, elle était évidemment sous le choc. Elle n'avait pas eu le temps de préparer son discours. Elle m'a fait partager son questionnement, qui est celui de toute la famille : comment a-t-elle pu se tuer de cette façon, en traversant sans regarder, et en dehors des clous, par-dessus le marché ? Elle n'était tout de même pas idiote, bon sang !

Je n'ai jamais été d'accord avec la façon dont Armande a mené sa vie. J'ai toujours travaillé, à une époque où la plupart des femmes de mon milieu étaient au foyer. Je me suis toujours intéressée au monde. Alors qu'Armande, elle, a toujours fait comme si elle était ravie de son sort. Elle m'envoyait promener lorsque j'avais l'audace d'aborder le sujet, de suggérer, par exemple, qu'elle pourrait se trouver un petit temps partiel. Bien souvent, je serrais les dents lorsque au détour d'une conversation je m'apercevais qu'elle ne savait pas qui était Alfred Boucher ou ce qu'était le G8. Mais sans doute est-ce moi qui n'ai pas complètement réussi ma mission de mère. Je considère néanmoins que chacun est responsable de sa vie et que les excuses sont toujours là pour ne pas faire ou pour mal faire. Maintenant, je suis un peu tourmentée. Je le suis parce que je ne peux même pas me dire que ma fille n'avait que cinquante ans, certes, mais que ces cinquante années ont été des années bien remplies. Surtout les dernières. Que faisait-elle, toute seule, à Nice ? Quelle vieillesse aurait-elle eue ?

Si je résume crûment, au regard de mes critères, la vie de ma fille était assez vide et son avenir s'annonçait plus vide encore.

Je lui en veux. On n'a pas le droit de se gâcher. On doit dévorer sa vie, aller plus vite, aller plus loin.

Armande est restée sur le bord du nid.

PATRICIA

On étouffe dans cet appartement. Et on ne s'entend plus. Au début, les gens parlaient de façon un peu feutrée. Mais beaucoup n'ont pas tenu la distance et se lâchent. Oubliant ce pour quoi ils sont là, ils haussent le ton. Certains rient.

J'ai rejoint Émilien sur le balcon entre deux averses. Nous sommes accoudés à la rambarde, l'un à côté de l'autre, nous gardons le silence. Les vieux couples ont du bon.

Y a-t-il quelque chose après la mort? Comme tout le monde ou presque, je me pose la question. Je me la suis toujours posée, mais, bien sûr, je me la pose davantage depuis 2006. On entend souvent défendre l'idée qu'une horloge aussi précise que celle de l'univers ne peut pas être le fruit du hasard. Je me range à cette idée. Mais si le monde n'est pas une coïncidence, cela signifie-t-il pour autant que l'âme survit au corps? On peut tout à fait imaginer que des éléments nous dépassent, sans souscrire à l'idée de la survivance de l'âme humaine (et d'ailleurs, dans ce cas, pourquoi les animaux, eux, mourraient-ils pour de bon? et à supposer que nous puissions retrouver notre chien fidèle dans l'au-delà, pourquoi aurait-il droit à cet au-delà, et pas le ver de terre de notre jardinière ?) ni, encore moins, à celle de l'existence de Dieu. Cette idée de vie après la mort, j'ai peur qu'elle ne soit seulement nécessaire pour accepter notre sort ici-bas, en se disant que les jeux ne sont pas faits, que l'on pourra toujours être heureux *plus tard*, si on ne l'est pas sur cette terre, et que les êtres chers que l'on a perdus ne le sont pas vraiment.

Bien avant d'avoir des raisons personnelles de m'intéresser à ces sujets, j'avais vu à la télévision des reportages sur des gens qui pensaient entrer en relation avec leur conjoint décédé ou leur enfant mort, *via* un médium, grâce à un écran ou à du matériel d'enregistrement. On nous montrait une capture d'écran avec la forme vague d'un visage. On nous faisait écouter une bande censée être vierge et qui ne l'était plus tout à fait, semble-t-il, car subitement on entendait « c'est moi » ou « maman ! ». Les survivants disaient : « Je reconnais son visage ! C'est sa voix ! ». Bien souvent, c'était des personnes éduquées, qui avaient l'air d'avoir les pieds sur terre.

Il y a peut-être une quinzaine d'années, nous étions à un dîner chez des amis. Il y avait là un homme (sympathique, manifestement rationnel) qui nous a raconté l'histoire suivante : à l'âge de vingt ans, il était parti en voyage avec sa petite amie outre-Atlantique. Au Canada, je crois. Une nuit, dans un refuge, ou sous une tente, cette fille se réveille en sursaut. Elle est en sueur. Elle n'arrive plus à respirer. Ils étaient seuls. À l'époque, il n'y avait pas les téléphones portables. Le jeune homme garde son sang-froid. Il la prend dans ses bras. Elle finit par se calmer. Dix jours plus tard, ils rentrent en France. Ils apprennent que le père de cette jeune fille est mort cette nuit-là, brutalement, alors que rien ne le laissait prévoir : une rupture d'anévrisme. Elle n'avait jamais eu de crise de cette nature avant. Et elle n'en a pas eu après.

Plus d'une fois, j'ai été tentée d'explorer les possibilités de communiquer avec les morts. J'ai même fait des recherches sur Internet, sans en parler à Émilien. Mais j'ai eu peur. Non que ça marche. Mais que ça ne marche pas et que, par conséquent, ce soit pire après. J'ai préféré garder l'espoir que, peut-être, si je le voulais, on pourrait établir un contact. C'est une sorte de hochet que j'agite parfois devant moi, comme on le fait devant un bébé sur le point de pleurer.

Voilà, en réalité, ce qui me dérange lorsque je suis tentée de croire à l'immortalité de l'âme : je finis toujours par me dire que c'est un outil que nous sortons du tiroir lorsque nous manquons de courage pour affronter l'inéluctable.

Lors d'un autre dîner (il y en a eu tellement dans ma vie, vains le plus souvent, mais pas toujours), l'hôtesse avait invité ses parents, âgés d'environ quatre-vingts ans. Le père, assez diminué, ne disait presque rien. J'ai su après qu'il était aux premiers stades d'une maladie dégénérative, de type Alzheimer. La mère, habillée en rouge, était superbe. Une vraie pub pour un produit ou un service destiné aux personnes âgées. À ce dîner, il y avait une femme seule. Il n'était donc pas possible d'alterner les hommes et les femmes. J'étais assise à côté de la dame en rouge. J'étais dans le début de la quarantaine. Elle m'a dit que j'étais jolie. Je lui ai renvoyé le compliment, qu'elle n'a pas réfuté. Sans doute me sentait-elle sincère. Et nous avons parlé toutes les deux pendant qu'autour de nous la conversation générale portait sur un de ces sujets bateau que je déteste, comme le prix de l'essence. J'ai oublié une bonne partie de cet aparté, mais je me souviens qu'à un moment cette femme m'a parlé de la vieillesse, de *sa* vieillesse, et de la mort qui approchait. Elle était juive, mais elle n'était pas croyante. Elle parlait de tout ça sereinement, avec une sorte de légèreté, mais sans désinvolture. Je lui ai demandé comment elle pouvait ne pas être angoissée en pensant à la mort, et plus particulièrement à la sienne, sans les secours de la religion. Et elle m'a répondu : « Nous avons d'autres ressources. La philosophie, par exemple. » Cela m'a frappée parce que, jusque-là, je voyais dans les lectures et les vraies réflexions un magma rébarbatif qui excluait les non-initiés, au rang desquels je me rangeais même si je m'exprime bien (ni Émilien ni Christophe n'auraient épousé des femmes qui ne les flattent pas socialement, qui n'aient pas un vernis, mais ils nous faisaient bien sentir qu'il ne s'agissait que d'un vernis, qui dupait les autres, tant mieux, mais pas eux). Pour la première fois, quelqu'un me faisait prendre conscience que la culture et l'usage qu'on en fait pouvait avoir une utilité sur le plan pratique, et donner des outils.

Lorsque, plus tard, je pataugeais dans mon désespoir, j'ai repensé à cette conversation. Mais j'étais seule. À qui pouvais-je demander de prendre du temps pour me faire découvrir les philosophes ?

Je me suis refusé les secours de la philosophie comme ceux du paranormal. Mais cette conclusion n'est pas satisfaisante. Il faudrait que ce n'en soit pas une.

Je dois en reparler à Émilien et trouver un moyen de nous aider mutuellement pour nous aider nous-mêmes.

Il vient de me prendre la main. Est-ce un signe ? Ai-je communiqué avec lui sans l'avoir décidé ? J'ai bien l'impression que oui. Alors, si de telles ondes existent, cela ne veut-il pas dire qu'il faut toujours espérer, ou plutôt ne jamais désespérer tout à fait ?

CHRISTOPHE

Je ne peux pas énumérer les personnes à qui j'ai parlé – ou qui m'ont parlé plutôt, car je n'ai pas abordé grand monde hormis Émilien, brièvement (je l'ai vu hier, je le revois demain), et sa famille : Patricia (avec un air vague, comme à distance), Margaux (très sûre d'elle, avec les mots justes) et Aubin (avec timidité, mais également avec des mots justes). En ce moment, on s'adresse encore à moi. Une femme d'une soixantaine d'années dont le visage ne me dit rien (une tante ? une cousine ?). Je ne l'écoute pas. Je donne le change en opinant mécaniquement, au petit bonheur, le sourire désolé de circonstance accroché à mon visage.

La famille de mon vieux compagnon est un peu ma famille, même si je les vois moins et si je les ai tous trahis. Ah ! cher Émilien ! Nous sommes devenus des quinquas un peu tristes : je suis un homme seul, tu es un homme meurtri. Alors que nous aurions plus que jamais besoin l'un de l'autre, nous nous parlons moins. Mais le lien est intact. Ce n'est qu'un épisode de plus.

Ce qui fait la richesse de ma relation avec Émilien, c'est qu'elle évolue sans cesse. Et je me dis que c'est sans doute cela qu'il faudrait dans un couple : ne pas vouloir à toute force maintenir l'esprit des débuts, ce qui est mission impossible ; mais inverser les priorités, créer et recréer.

Autrefois, j'ai décidé. C'était de la curiosité. Ce n'était pas important. Ensuite, c'est lui qui a décidé. Mais, finalement, j'étais d'accord avec ces décisions, car elles résultaient d'une forme de logique commune, d'une manière de consensus.

Émilien est au fond de la pièce, dans la pénombre, seul, une tasse à la main, et il me regarde par-dessus cette dame comme s'il lisait dans mes pensées. Il me sourit et me fait un clin d'œil.

Émilien était ma jeunesse. Il sera ma vieillesse. Sans doute sera-t-il le meilleur frère que l'on puisse souhaiter. Oui, c'est cela, un frère. Pas mal, pour un fils unique.

ARMANDE

À l'époque, je n'aurais pas pensé que Christophe pouvait me tromper. Moi-même, je ne songeais pas à l'adultère. Mais enfin, je savais que cela existait, qu'un jour, peut-être, je pourrais être concernée. Ce que je n'avais jamais imaginé, en revanche, c'est que Christophe puisse me tromper avec un homme. D'où le double choc, lorsque je l'ai surpris à l'issue d'un de ses cinq à sept avec Émilien, au-dessus du bureau.

Christophe n'avait rien qui puisse me faire présager une telle épreuve. Émilien non plus, du reste. L'homosexualité était déjà assez largement admise, en tout cas chez les gens de notre génération. Ce n'était plus une tare scandaleuse. Mais ce que nous partagions encore avec la génération de nos parents, c'est d'exclure que cela puisse exister dans notre entourage. J'ai compris plus tard que c'était complètement con. Une famille ou un groupe quelconque de vingt à trente personnes sans une seule qui ait touché à l'homosexualité de près ou de loin, ce serait comme le même groupe où il n'y aurait jamais eu quelqu'un qui ait attrapé les oreillons ou voté pour le Front national. Mais non ! j'y voyais un sujet lointain, pour les autres. En même temps, c'est tellement classique, tellement humain. Il n'y a qu'à observer l'aveuglement d'Émilien et de Patricia vis-à-vis d'Aubin. Pourtant Émilien connaît le sujet, bien plus et bien mieux que moi.

La rage, l'humiliation sont démultipliées par la surprise. Et puis, j'ai eu le sentiment d'être doublement trahie. J'étais trompée, et d'une. Mon mari était malhonnête avec moi depuis le début, et de deux. Je me voyais comme une couverture. C'était un homme qui aimait les hommes et qui m'avait épousée pour faire comme si. Ce n'était pas une impulsion, un accident que j'aurais pu pardonner. C'est ce que je me suis dit à l'époque. J'étais dans l'erreur, une fois de plus. Je croyais qu'on était hétérosexuel ou bien homosexuel. Qu'il n'y avait pas de troisième voie. Ce n'est que bien plus tard que je me suis souvenue de mes histoires d'adolescente, lorsque j'étais amoureuse de Mme Altou, ma prof de sciences nat, ou lorsque j'avais flirté avec ma copine Martine et aimé ça. Ce n'est que bien plus tard que j'ai repensé que j'aurais pu moi aussi succomber, car c'est resté une sorte de fantasme. Comme chez beaucoup de filles, presque toutes, sans doute. C'est probablement pareil pour les garçons, mais le tabou est plus fort, car il reste l'idée qu'un gay n'est pas tout à fait un homme. Ça n'est plus politiquement correct de le dire, mais sa virilité est entachée. Si Christophe a couché avec Émilien, ça ne l'empêchait pas d'aimer les femmes. Au fond de moi, je savais qu'il ne trichait pas au lit avec moi. Les femmes sentent cela. En tout cas, certaines. Néanmoins, j'ai continué à entretenir cette image de la trahison, de la forfaiture indélébile. Ça m'arrangeait de me rouler là-dedans parce que ça justifiait que je ne fasse aucun effort de réconciliation. Au bout d'un moment, j'étais allée trop loin, trop loin de

Christophe pour tout remettre à plat. Cela aurait été compliqué. Il aurait fallu beaucoup de volonté. J'ai préféré cultiver une hostilité d'abord, et ensuite une indifférence qui n'était sans doute pas aussi irrévocable que ce que je voulais croire. Pour maintenir ma position, il me fallait une bonne raison. L'adultère n'en était pas une. L'homosexualité, si.

Christophe et Émilien m'ont aidée à rester droite dans mes bottes parce que leur affaire a duré un certain temps. Je pouvais me dire que c'était une vraie histoire d'amour. Pas comme mon après-midi avec Martine. Cela non plus, ça ne tenait pas tout à fait la route. Déjà, sur un plan pratique, c'était facile pour eux : pas besoin de sortir de l'immeuble. En plus, ils pouvaient être assez discrets puisque la chambre était desservie par un escalier de service. Mais l'essentiel n'était pas là : si ça a duré, c'est surtout parce qu'ils étaient amis. Ils l'étaient avant, sans doute. Ils le sont restés après, surtout. Pendant toutes ces années, toutes ces vacances, je les ai vus si proches l'un de l'autre, tellement heureux d'être ensemble, alors qu'il n'y avait plus de sexe entre eux, que la chambre de service avait perdu sa vraie fonction et que Christophe filait direct du bureau pour rentrer à la maison dès dix-neuf heures. S'ils étaient restés dans un état de désir, cette promiscuité aurait été insupportable. Ils en étaient clairement sortis. Donc ce n'était pas cela, le lien entre eux. Ce qui a subsisté, après cet épisode, long si on veut, mais court si on le rapporte à la durée d'une vie, était compatible avec leurs couples. La preuve, c'est qu'Émilien et Patricia y sont arrivés. Ce n'est pas par hasard qu'ils ont décidé d'avoir un autre enfant après plus de quinze ans de mariage, au moment même où je décidai de divorcer. Car je sais que ce n'était pas un accident.

Ce qui est curieux, c'est que l'épisode sexuel entre Christophe et Émilien a tué mon couple, alors qu'il a laissé subsister celui de nos amis. Pourtant, j'ai davantage de doutes sur la sexualité d'Émilien que sur celle de Christophe. Lorsque mon mari a retrouvé le chemin du bercail, Émilien a redoublé ses absences. C'était toujours lui qui était demandeur pour rencontrer tel client en province, pour aller à telle ou telle sauterie à l'autre bout de la France ; bref, pour se trouver des occasions de découcher. De découcher, et de coucher, j'en suis persuadée – et sans doute pas avec des femmes. Comme quoi tout est compatible avec tout, dans certaines limites.

Un jour, j'étais alors en instance de divorce, en fin d'après-midi, alors que je savais que Christophe n'était pas au bureau, j'ai téléphoné à Émilien pour m'assurer qu'il y était. Je devais prendre des bijoux qui étaient dans le coffre de mon mari. Mais sans doute était-ce un prétexte. J'avais un compte à solder et, curieusement, c'est avec lui que je voulais le faire. Cédric m'accompagnait, mais il est resté dans le hall pendant que je prenais un whisky-coca avec Émilien dans le bureau de Christophe. J'ai dit à Émilien que je savais, pour lui et Christophe. Il a été surpris, mais pas plus que ça. Il m'a demandé si je le détestais. Non, en fait, j'avais toujours ressenti une petite complicité avec lui. J'en voulais à mon mari, mais pas à lui. Confusément, j'ai dû sentir que nous avions des points communs. Nous avions toujours cherché notre place sans la trouver. Christophe était bien à la sienne. Patricia aussi. Sauf que c'était des places pas terribles.

De très nombreuses années plus tôt, Émilien m'avait surprise en train d'embrasser un type. Nous n'en avons jamais parlé. Il en savait plus que Christophe qui ne voulait rien voir. Entre Patricia et Christophe qui ne voulaient rien voir, et Émilien et moi qui ne voulions rien dire, nous formions un sacré quatuor de handicapés. Mais cela a marché. C'était une sorte de famille avec des secrets, des zones obscures, mais unie malgré tout.

En vacances, je supportais mieux Christophe. Un peu comme une belle-mère dont on s'accommode parmi les autres, au repas de Noël, mais qui devient insupportable dès que l'on se trouve en tête à tête avec elle.

Il n'y a jamais eu de malveillance entre nos deux familles. Jamais, bien au contraire. La malveillance, c'était entre Christophe et moi. Et plutôt de mon côté.

J'aurais pu faire en sorte que ça se passe autrement.

J'aurais dû faire en sorte que ça se passe autrement.

ÉMILIEN

De nouveau dans la voiture avec Patricia. On a un peu parlé. Puis, j'ai remis la radio.

On a reparlé d'Armande, bien entendu. Le problème, c'est que Patricia ne sait pas tout. Elle s'interroge comme moi : Armande a-t-elle mis fin à ses jours ou, à tout le moins, poussé volontairement la négligence jusqu'à se mettre en danger ? Cette question, tout le monde ou presque se la pose. Moi, j'ai une seconde question : si Armande a attenté à ses jours, fût-ce par négligence, c'est parce qu'elle était malheureuse, et, dans ce cas, quelle a été ma part dans ce malheur ? Tant que Christophe et elle étaient ensemble, je ne m'interrogeais pas trop sur la femme de mon ami. Depuis la fin de ma première liaison avec lui, c'est-à-dire depuis 1991, Christophe était strictement fidèle. Et cet adultère avait duré peu de temps, à peu près trois ans : il avait commencé pendant l'hospitalisation de Patricia, au cours de sa première grossesse. Je me disais donc, les rares fois où j'y pensais, que Christophe était un bon mari, et je donnais le mauvais rôle à Armande. Nos vacances se passaient très bien. Pour moi, et aussi pour Patricia ou Christophe. Les non-dits, les trahisons ne tuent pas tout. À l'époque, je croyais qu'Armande ne savait rien, et donc que les torts étaient de son côté. Depuis qu'elle m'a dit qu'elle savait, c'est plus compliqué. En plus, elle m'a avoué qu'elle en avait souffert. Certes, elle aurait pu partir bien plus tôt. Elle a fait le choix de rester. Mais je ne peux pas m'empêcher de penser que, peut-être, le mal a lentement corrompu son âme, jusqu'au moment ultime. Pourrais-je être, dès lors, à l'origine de deux morts ? La sienne et celle du grand Jehan ? En même temps… c'est la vie. En aimant, en aimant mal, en cessant d'aimer, on fait des dégâts. Cette idée me hante désormais un peu plus, mais ce n'est que justice : j'ai trop longtemps trop pensé à moi.

Dans un classique de la science-fiction, je crois qu'il s'agit d'un récit de Ray Bradbury, un explorateur visitant le passé écrase par mégarde un papillon. Lorsqu'il revient dans le présent, le monde qu'il retrouve n'est plus celui qu'il avait laissé. Je pense que c'est ce que l'on appelle une uchronie : la réécriture de l'histoire à partir de la modification d'un événement du passé.

Dans les moments de doute extrême, je vais jusqu'à imaginer que je pourrais être responsable d'autre chose encore que des deux morts auxquelles je viens de songer. Du pire, pour moi : si Christophe et moi-même n'avions pas fait ce que nous avons fait, Armande serait sans doute restée et, dans ce cas, Patricia ne serait pas allée à Nice. D'accord, l'hypothèse est fragile. L'impensable se serait sans doute produit de toute façon. Mais une hypothèse fragile n'est pas absurde pour autant. La vie est-elle un continuum dont les différents maillons sont indissociables les uns des autres (et j'aurais donc fracassé ma vie et celle de Patricia), ou bien chaque événement a-t-il une existence autonome ?

Parfois, les violences involontaires entraînent la mort sans intention de la donner, pour reprendre la terminologie du Code pénal. Le grand Jehan et Armande sont peut-être morts d'avoir été brutalisés. Quant à Patrick, c'est la vie qui s'est chargée de le brutaliser, mais le résultat est identique. Oui, sans doute peut-on mourir d'amour, de non-amour, de manque d'amour. L'amour est la seule donnée importante. Le reste ? Des fioritures.

J'ai remis la radio, mais il y a eu un truc entre Patricia et moi. C'est pareil avec Christophe : on s'éloigne parfois, on se rapproche toujours. Oui, Christophe est bien mon ami. Oui, Patricia est bien ma femme. Je le mesure, parce que le sexe a disparu avec le premier, et a été relégué au sous-sol avec la seconde, mais que c'est toujours avec eux que je communique le plus. Vers eux que je reviens. Comme un bouchon de liège pris dans un tourbillon au pied d'une chute d'eau qui disparaît ponctuellement de la surface mais finit toujours par réapparaître au même endroit. Le sexe est un écran de fumée. Il nous distrait de l'essentiel : du cœur. Lorsque en 1991 mes relations sont redevenues platoniques avec Christophe, c'est moi qui l'avais voulu. J'étais déçu parce que je cherchais de la complicité (de l'amour, lâchons le mot) et j'avais fini par imaginer que nous ne communiquions bien qu'au lit. Ailleurs, lorsque nous ne bossions pas, je m'ennuyais presque avec lui. Je me trompais. Le sexe m'aveuglait. Et il ne me suffisait pas – d'où ma déception. Une fois qu'il a été banni, l'essentiel est apparu, et n'a jamais disparu depuis – quelque chose de l'ordre de la fraternité. Avec Patricia, c'est du même ordre. Ce n'est pas une fraternité de l'esprit au même degré qu'avec Christophe. C'est une connivence du quotidien. Mais c'est tout aussi beau.

Sur le balcon de Mme Coursac, Patricia a pris ma main. Forcément, nous pensions à notre jeunesse, à notre jeunesse avec Armande. Forcément, nous pensions aussi à notre Jehan. Est-ce cela qui nous fédère, qui nous fait mesurer la chance que nous avons de nous avoir encore ? Envers et contre tout. Peut-être. Mais il y a mieux, que je ne peux pas nommer, parce que c'est volatil. Et c'est pour cela que c'est précieux.

Et puis, on va être de plus en plus entre nous, avec Patricia. Renaud vit à la maison, mais il aura bientôt dix ans.
Lorsqu'il ira au collège, il sera moins présent. Et un jour pas si lointain, plus là du tout. On fait des enfants pour ne pas être seuls plus tard, disent les mauvaises langues. Si tel est le cas, c'est un mauvais calcul. Adultes, les enfants aiguisent notre solitude, au contraire : ils cultivent presque toujours une absence psychologique, presque aussi pénible, parfois, qu'une absence physique.

Margaux et Aubin dînent ce soir rue de Commaille. Aubin y dormira, puisqu'il ne repart à Grasse que demain. Ils auraient pu venir tout de suite, car l'après-midi touche à sa fin. Mais non, ils se sont éclipsés tous les deux et ne se présenteront à la maison que vers vingt heures. Encore, Margaux avait pris sa voiture. Mais Aubin ? Il a rejoint le RER en sortant de chez Mme Coursac, en nous disant qu'il devait passer voir un copain. Il a décliné notre proposition de le déposer dans Paris. Trop compliqué, selon lui. Je ne vois pas pourquoi. Ce que j'ai vu, c'est qu'il voulait prendre un peu le large. Comme sa sœur. Je me demande si cette histoire de copain n'est pas un bobard.

La complicité, c'est avec les amis, les amants, les conjoints. Pas avec les enfants. Même si on les aime, et s'ils nous aiment. Lorsqu'on est parents, il faut faire le sacrifice de cette complicité. Pourtant, on y comptait. Surtout les gens de notre génération. Mes vieux parents vont sur Google, envoient des mails, voient des expos, etc. Ils ne sont pas en peine pour trouver des sujets de conversation. Mais heureusement qu'on a ce matériau. Je ne leur fais pas de confidences. Je ne leur en faisais pas davantage lorsque nous étions tous plus jeunes. Mais, longtemps, j'ai cru que ce serait différent avec mes enfants. Lorsque j'étais petit, nous ne dînions jamais avec nos parents. Mes frères et moi n'étions pas présents lorsqu'ils recevaient des amis. Nous ne les accompagnions pas lorsqu'ils sortaient. Il y avait des discussions d'adultes et des discussions d'enfants. Au contraire, comme tous les parents de notre âge, Patricia et moi vivions beaucoup plus avec nos enfants. Mais le résultat est comparable.

Parfois, je me demande si Aubin n'est pas gay. Patricia aussi, peut-être. Mais on n'aborde pas le sujet.

Tout ça n'est sans doute pas grave. Peut-on décréter que pour aimer il faut tout se dire et que, si on ne se dit pas tout, on a raté ? Il n'y a pas de mode opératoire. L'essentiel est que la petite musique des sentiments se fasse entendre. Mais les façons dont elle peut être jouée sont d'une variété infinie.

D'ailleurs, c'est peut-être bien de ne pas se parler de tout, entre parents et enfants. Aubin ne nous a pas mis dans la boucle lorsqu'il a arrêté ses études pour partir à Grasse. Il nous a mis devant le fait accompli. Et il a l'air heureux, tellement moins timide que lorsqu'il devait, enfant, adolescent, passer sous les fourches Caudines du prêt-à-penser. Parfois, ne pas dire, c'est vivre.

Aubin est probablement plus cohérent que moi, au bout du compte. J'ai d'abord interprété ses choix comme un manque de cran. Pour moi, il se définissait désormais par ce qu'il n'était pas : il n'était pas, ou n'était plus, un homme qui se donnait les moyens de réussir dans la vie. J'ai changé. J'ai changé d'avis. Réussir, c'est peut-être d'abord être soi. Et Aubin, avec sa légèreté réfléchie mais presque joyeuse, me donne l'impression d'être lui. Suis-je moi-même, avec trente ans de plus, et sans doute trente ans de moins à vivre ? Pour partie, sans aucun doute possible. Mais pour partie seulement. La face visible de mon existence est celle qui convient à mes parents, celle d'un patron qui a fondé un foyer. J'y ai trouvé mon compte, mais est-ce que cela me correspondait vraiment ? Si la face cachée ne l'avait pas été, j'aurais sans doute fait moins de dégâts. Le grand Jehan serait peut-être là. Et Armande aussi, puisque je ne serais sans doute pas allé sortir du lit conjugal un garçon qui avait autant intérêt que moi à la clandestinité.

Patricia dénoue ses cheveux. Combien de fois l'ai-je vue faire ce geste ? J'étais là. Parfois avec elle, parfois loin d'elle – dans ma tête. Souvent menteur.

Et si mon objectif, désormais, c'était d'être un homme bien ?

« Pourquoi souris-tu ? » me demande ma femme.

MARGAUX

J'arrive chez moi et je m'affale sur mon canapé.

Pendant le dernier tiers du trajet, j'ai oublié Armande et le reste. J'ai également oublié la circulation, les piétons, toute concentrée que j'étais sur ma première grave engueulade avec Simon. Sérieux ! le téléphone au volant, c'est hyper-dangereux, même avec le kit mains libres. J'aurais pu moi aussi tuer quelqu'un.

Je devais voir Simon avant d'aller chez mes parents. Et là, il me téléphone pour me dire qu'il ne peut pas venir à cause de *maman*. Cette fois, elle a vomi partout : sur elle, sur le carrelage, sur le tapis, sur le fauteuil. Simon doit tout nettoyer. Je l'imaginais, à quatre pattes, la serpillière à la main et le téléphone coincé entre l'épaule et l'oreille gauche. Déjà, ce n'est pas trop l'image que je veux avoir de mon mec. En plus, il invoque des excuses pour reporter, annuler, etc. Et, moi, je suis de moins en moins disposée à les accepter. D'autant qu'ils sont quatre enfants. Là encore, il y a toutes sortes d'excuses qui justifient, selon Simon, qu'il se colle H24 sa bonne à rien de mère : ses sœurs, déjà à l'étroit dans leur petite maison de banlieue, avec mari et enfants, ne peuvent pas la loger ; quant à son frère, c'est un marginal sur qui on ne peut absolument pas compter. Seulement, j'ai déjà sa femme, ses gosses, alors maintenant sa mère, de plus en plus et de plus en plus souvent, c'est juste *too much*. Quand je l'ai connu, je savais qu'il était marié. C'est normal que j'assume. Mais il devrait comprendre qu'il ne faut pas m'en demander davantage. Pourquoi devrait-il me sacrifier à sa mère ? Doit-il se faire son esclave parce qu'elle n'a jamais mis un sou de côté, plombée qu'elle était par des crédits à la consommation, parce qu'elle ne s'est jamais préoccupée d'avoir une bonne mutuelle, trop flemmarde pour faire autre chose que de regarder des séries débiles à la télé ? Si, du coup, elle ne peut pas s'offrir une aide à plein temps ou une bonne maison de retraite, qu'il la foute à l'hosto et qu'on en finisse !

C'est en substance ce que je lui ai dit. En hurlant. Envolées, mes belles résolutions de rester glamour, de ne jamais être hystérique. Le temps que je comprenne ce qui m'arrivait, j'étais déjà montée en haut du cocotier. Je ne le regrette pas vraiment. Tout en sachant que je n'ai raison qu'en partie. C'est sa mère. La plus nulle des mères. Une petite créature pathétique. Mais la sienne. Cette pression qu'il se colle est donc à la fois insupportable, pour lui comme pour ses proches, et légitime. Par ailleurs, je me rends bien compte qu'en lui crachant à la gueule ses quatre vérités je ne faisais pas que dénoncer la situation avec sa misérable mère. En lui rappelant à quel point celle-ci est minable, du propre aveu de son fils, je voulais lui faire du mal. Mal d'être l'enfant d'une telle femme et mal d'avoir médit. Et, pour être honnête, je dois avouer que, si je souhaitais le blesser, c'est pour tout le reste, pour tout ce que je savais au départ et que je ne peux donc pas lui reprocher. Dans l'histoire, sa mère me sert simplement de punching-ball. Ça lui donne l'occasion de servir, pour une fois !

Simon s'est défendu comme il a pu (« qu'est-ce que tu veux que je fasse ? tu crois que j'ai le choix ? »). Je l'ai envoyé chier et il m'a raccroché au nez.

Pour la première fois, je me dis que, s'il ne me rappelle pas, ça ne sera peut-être pas plus mal. Sans l'avoir décidé, ai-je voulu l'acculer à la rupture ? Même si ça me fait peur. Car il faudra bien rompre, tôt ou tard, je le sais. Et je sais aussi que ce ne sera pas à cause de sa mère. Pourtant, je me vois difficilement vivre sans lui, même si nous ne sommes ensemble que depuis quelques mois. Je me rends bien compte que dans la tête de Simon je suis la première, sans l'être dans sa vie. Est-ce que c'est de l'amour, ça ? Peut-être pas, mais ça compte. J'ai le cœur qui bat quand je pense à lui. C'est à lui que je pense quand je m'endors et quand je me réveille. Alors, je ne sais pas. Je ne sais pas ce qui est le mieux pour moi. Et ça ne me ressemble pas d'être indécise. Je ne m'aime pas trop comme ça.

Je mets de la musique. Je me sers une vodka. Oui ! nous, les jeunes, on aime les alcools forts. Tout le monde le dit, mais personne ne se demande pourquoi. Après la colère, je me sens mélancolique. La colère me rend égoïste. La mélancolie me rend plus tendre.

Je les revois à dix mois. Ils sont par terre dans le salon. Ils jouent à un genre de Lego. Ce jour-là aussi, il y avait de la musique. Je rigole avec eux. Je suis heureuse sans bien savoir pourquoi. C'est marrant, il y a des moments qui marquent, alors qu'ils ressemblent à d'autres. Peut-être parce que ce sont des instants d'équilibre, qu'on n'a pas vu venir, et qui nous cueillent, comme ça.

Je m'aperçois que je pleure.

CHRISTOPHE

Me voilà dans la rue, devant l'immeuble. La plupart des gens sont partis.

Avec Émilien, nous sommes convenus de ne pas repasser au bureau.

Avant de revenir chez Benoîte pour dîner avec mes filles et leurs maris, j'ai décidé de faire un petit tour au bois de Vincennes car le soleil est apparu. Nous y allions souvent, Armande et moi, au tout début de notre mariage, lorsque nous habitions à côté. Benoîte m'a prêté des chaussures bateau et un pantalon qui appartenaient à son mari.

En m'éloignant, je lève les yeux vers l'appartement. Mon œil s'attache au balcon filant. Y remettrai-je les pieds après ce dîner ? Ce n'est pas certain. Peut-être pour l'enterrement de Benoîte. Mais ce n'est pas pour demain, j'espère, car elle est en pleine forme.

Émilien et Patricia sont partis avant moi. On s'est parlé quelques minutes dans l'entrée, eux, mes filles et moi. On a envisagé de se retrouver tous ensemble, pour un week-end ou un dîner. Cela ne se fera sans doute pas. Je sens que je me rapproche de nouveau d'Émilien. Qu'on va pouvoir de nouveau communiquer. Depuis dix ans, on avait pris de la distance. Ce n'est pas parce qu'il m'avait sorti de son lit. C'est parce que les événements l'ont amené à se refermer sur lui-même, ou sur son couple peut-être. En outre, les affaires marchent moins bien. Heureusement que notre boîte avait depuis longtemps atteint sa vitesse de croisière au début de la crise. Mais on gagne moins d'argent, tout est plus difficile, on n'est plus galvanisés par le succès comme lorsque nous avions trente ou quarante ans. Il nous fallait absorber cette nouvelle donne pour nous retrouver. Pour raviver notre amitié, car c'est bien ça qui nous lie. Entre nous, le lit n'a jamais été que conjoncturel, épisodique : moins de quatre ans en tout, c'est-à-dire presque rien, depuis bientôt trente que nos vies sont imbriquées l'une dans l'autre.

En 1988, c'est moi qui lui ai sauté dessus. En 2004, c'est lui. La première fois, ça a duré trois ans. La seconde, quelques mois. En 1988, Patricia était hospitalisée pour sa première grossesse. La seconde fois, elle était hospitalisée pendant la dernière. Les grossesses laborieuses de Patricia, libérant Émilien du regard de sa femme, nous ont donné le feu vert pour nous retrouver dans la chambre de La Boétie, chez lui, ou chez moi pour le dernier épisode, puisque Armande n'était plus là.

En 1991, puis en 2005, c'est Émilien qui a décidé d'arrêter. En 1991, je ne me souviens plus pourquoi. Me l'a-t-il dit d'ailleurs ? Pas sûr. J'étais un peu triste, mais j'étais d'accord, au fond. Ça s'était émoussé. Et puis, ça devenait compliqué de se cacher. Nos familles s'étaient soudées. Ça se passait bien. Notre liaison était comme une mauvaise herbe dans un joli jardin. En 2005, c'était différent. Je n'avais plus de famille à sauver. J'ai donc été nostalgique pendant quelques mois. Mais, cette fois-là, j'ai bien compris la décision d'Émilien. On a arrêté nos bêtises à compter de la naissance. Émilien voulait donner un nouveau départ à son couple et à sa famille agrandie. Et, pour un nouveau départ, il faut des bases claires.

Émilien est un peu pédé sur les bords, encore qu'il s'en défende. Il a couché avec d'autres types que moi, ce stagiaire, notamment, Éric ? Patrick ? J'ai oublié. Et puis, la deuxième fois, c'est bien lui qui est venu me chercher. Je n'y aurais jamais pensé moi-même. Je n'étais pas d'accord, sur le coup. Pour moi, nous étions passés à autre chose depuis très longtemps. Pour moi, les mecs, c'était fini. D'ailleurs, je n'en avais eu qu'un seul : Émilien. J'ai cédé parce que j'étais triste à ce moment-là. J'avais besoin de ses bras.

Expérience faite, je ne crois pas que les garçons ce soit pour moi. À trente ans, j'avais un petit fantasme gay. Comme tout le monde, non ? Ce qui fait la différence entre moi et la plupart, c'est que j'ai sauté sur Émilien pour le réaliser. C'était bien, oui, d'accord, mais une fois rassasié, je n'y suis plus revenu, sauf en 2004, et là ce n'était pas prémédité. Dans ce domaine, Émilien m'a suffi, et le peu de temps que j'ai partagé avec lui m'a suffi aussi. Nos parenthèses sexuelles étaient deux petites tesselles dans la vaste mosaïque de notre histoire. Deux tesselles étincelantes, mais qui, ni pour lui ni pour moi, n'ont jamais été fondamentales.

La mosaïque, quant à elle, m'éblouit toujours.

AUBIN

Je n'avais pas envie de filer tout de suite chez les parents et d'être coincé entre eux et Renaud pendant deux ou trois heures avant le dîner. Ce n'est pas méchant. J'avais besoin de respirer.

À Joinville, j'ai attendu longtemps le RER, qui a roulé à la vitesse de la tortue. Je suis descendu à Opéra et je vais me balader un peu, éventuellement aller à pied rue de Commaille.

Attendre. Il ne faut pas attendre, mais provoquer. Je pensais à ça en enterrant Armande. Je me disais que je serai peut-être mort demain et qu'il fallait que je vive aujourd'hui. Je vis, c'est vrai, mais pas pleinement. Je pourrais espérer longtemps l'arrivée du prince charmant parce qu'à Grasse les occasions sont rares, très rares pour ces rencontres. Alors je vais aller le chercher, ou, plutôt, je vais essayer de le retrouver ; peut-être s'est-il déjà montré.

Il y a deux mois, j'étais allé passer un lundi à Cannes. Les Viguier m'avaient donné ma journée car on avait consacré le week-end à remettre de l'ordre en réserve. Lorsque je vais en train de Paris à Grasse, ou l'inverse, il y a un changement à Cannes. L'intervalle est assez long, mais je reste dans la gare, parce qu'il ne l'est pas suffisamment pour que ça vaille la peine de partir en vadrouille. De toute façon, j'ai toujours un gros sac. Mais je me dis, chaque fois, qu'Éloi a beau m'affirmer qu'il n'y a rien à y voir, c'est dommage de mal connaître cette ville. J'aime bien me faire ma propre opinion, et habiter à une demi-heure de Cannes sans connaître vraiment, ça ne va pas.

Ce lundi-là, j'ai pris le tortillard qui va de Grasse à Cannes. Il faisait très beau, mais pas trop chaud. À Cannes, j'ai marché, marché, marché, comme je suis parti pour le faire à présent. J'ai fait les boutiques, acheté deux T-shirts branchés que je n'aurais pas trouvés à Grasse. J'ai déjeuné d'une salade. L'après-midi, j'ai marché sur la Croisette. J'avais emmené mon maillot. J'ai fait un plouf dans l'eau froide. Puis j'ai marché encore, le long de la mer. Après le port Pierre-Canto, j'ai traversé les jardins entre le boulevard et la mer. Il y avait une plage. Encore peu de monde : c'était le printemps. Je me suis remis en maillot et je me suis assis sur ma serviette.

« Tu as de la crème solaire ? »

Je me suis retourné.

Il était torse nu (le torse rasé, comme moi, comme la plupart des mecs de mon âge, gays ou pas – mais lui, il l'était, gay, je l'ai compris immédiatement), avec un bermuda en jean et un sac de toile sur l'épaule. Il avait un très beau sourire. J'ai trouvé ça marrant de demander de la crème solaire comme d'autres demandent du feu, ou un euro. Comme dirait Margaux, je l'ai tout de suite kiffé.

Le peu d'expériences que j'ai eues, car j'en ai eu très peu, c'était toujours le même film : on consomme tout de suite. On parle après – et encore pas toujours. Ça ne me convient pas. Je suis une vraie jeune fille du XIXe siècle ! Je dois être le seul gay comme ça ! Avec Balthazar, peut-être. Car il s'appelle Balthazar ; ça ne s'invente pas.

On a parlé, parlé, parlé. Il avait sorti sa serviette et s'était assis dessus, à côté de moi. On avait oublié la crème solaire. On n'en avait pas vraiment besoin car le soleil de mai n'était pas vraiment méchant. À la fin, on avait presque froid.

On a parlé de tout, des parents, de ce que nous faisions (il est réceptionniste dans un petit hôtel et il veut faire carrière dans l'hôtellerie de luxe). Je lui ai même parlé de Jehan. On a parlé de tout sauf de nos amours passées – des siennes, parce que les miennes… On ne s'est pas dragués. On croyait qu'on aurait le temps et ça nous allait très bien. J'avais trouvé une bonne raison de retourner à Cannes.

Il n'avait pas son portable sur lui. Le mien était déchargé. J'ai noté son numéro sur mon carnet. « Je t'envoie un SMS ce soir », lui ai-je dit lorsque nous nous sommes levés. Il m'a raccompagné un moment. Lorsque nous nous sommes quittés, pas loin de la gare, il m'a fait un smack.

On s'est retournés plusieurs fois pour se dire au revoir.

Dans le train, je me suis assoupi.

On m'a volé mon sac à dos.

Avec mon carnet de notes.

PÉTRUS

Je ne le vois ni ne l’entends. J’aimerais qu’il rentre.

ARMANDE

Ce qui reste un peu mystérieux pour moi, c'est ce qui m'a fait quitter Christophe à trente-huit ans. Je ne l'ai pas quitté pour Cédric, puisque je ne l'ai rencontré qu'après.

Je n'étais pas inquiète pour l'argent puisque j'en avais qui me venait de ma famille, que notre logement et le chalet étaient des biens communs et que, mariée depuis longtemps à un homme qui gagnait très bien sa vie et ne travaillant pas, je pouvais compter sur une rente suffisante, ce que Christophe a d'ailleurs immédiatement accepté. Mais, tout ça, ce n'était pas vraiment nouveau. Cinq ans, deux ans ou un an plus tôt, la situation était comparable, si ce n'est identique. Et pourtant, je restais rivée à Christophe comme une moule à son rocher.

Quelque part au fond de ma tête j'ai dû me dire, c'est maintenant ou jamais. Après, il sera trop tard. Après ça ne vaudra plus la peine. Je n'avais pas exactement le compas dans l'œil parce que, trente-huit ans, c'est encore jeune. À trente-huit ans, sauf accident, on a encore plusieurs décennies de vie devant soi. Peut-être pas les meilleures, mais pas forcément les pires non plus, puisqu'on vieillit de mieux en mieux. Et à l'époque, je ne savais évidemment pas que dix ans plus tard ce serait terminé.

Mais je me suis toujours sentie vieille. Même très jeune. Je me souviens que pour mes vingt-cinq ans j'avais organisé une petite fête. L'après-midi, j'étais allée chez le coiffeur. La conversation avec la shampouineuse est venue sur mon anniversaire. La fille avait dix-neuf ans. « Vous devez trouver ça vieux, vingt-cinq ans ! » lui ai-je dit, m'attendant à ce qu'elle démente. Naïveté ou bêtise, la fille m'a répondu : « Oh ! oui ! » Ça m'avait déprimée.

Pourtant, cette sensation aurait pu être mise à l'épreuve du raisonnement, ou même seulement de l'expérience : à trente ans, je me trouvais encore plus vieille, mais je trouvais aussi que vingt-cinq ans c'était tout à fait jeune. Et ainsi de suite. Mais, comme souvent, le raisonnement et l'expérience ne m'ont été d'aucun secours.

Au fil des années, cette impression est devenue plus aiguë jusqu'à ce que, à l'approche de la quarantaine, je me dise que, si je voulais une autre vie, c'était maintenant.

Il était déjà trop tard.

CATHERINE

Cette femme est morte.

Cette femme est morte et, moi, je vis.

En plus, je n'y suis pour rien.

Et quand bien même j'y serais pour quelque chose!

Pourquoi est-on toujours mal? On est célibataire, puis on est déçu par le mari, puis les enfants ados nous pompent l'air, puis on a des soucis de boulot, puis le mari part, puis les enfants aussi, puis à quarante-cinq ans on repart en galère pour retrouver un mec qui ne soit ni un immature, ni un caractériel, ni un homo refoulé. Je dis « puis », mais plusieurs de ces problèmes peuvent coexister, en tout cas pour moi.

Alors, merde!

Je vais me reprendre en main et me sortir de ce bourbier.

ÉMILIEN

La journée touche à sa fin même s'il fait encore grand jour. Une petite lumière parisienne tente de s'imposer entre deux nuages. On se croirait en avril, ou en octobre. Juillet à Paris, quoi !

Aubin et Margaux seront là d'ici une heure ou deux. Patricia s'occupe du dîner. Renaud joue dans sa chambre avec son copain Cyprien qui a passé l'après-midi avec lui et que sa mère n'est pas encore venue chercher. Je fais du rangement dans la pièce qui me sert de bureau lorsque je travaille à la maison. Comme je ne le fais que très rarement, et comme Patricia n'y met jamais les pieds, tout est en bordel.

Heureusement que Patricia n'y met jamais les pieds, d'ailleurs. En vidant un tiroir qui débordait, j'ai trouvé une enveloppe turquoise avec, dedans, une photo de Christophe. Au dos, il avait écrit « Émilien, je t'aime ». La photo date de notre première liaison, mais la dédicace de la seconde. J'étais persuadé que cette enveloppe était dans mon bureau de La Boétie. Elle a dû se mêler à d'autres papiers que j'ai rapportés ici. J'ai pensé à la jeter, mais je n'ai pas eu le cœur de le faire. Je l'ai glissée sous la lampe, d'où un coin dépasse, de sorte à ne pas l'oublier. Je la ramènerai demain à mon *vrai* bureau.

La première personne qui m'a dit « je t'aime » est un garçon : Jehan – le « grand Jehan ». J'aurais pu lui rendre le compliment, depuis toutes ces années que je l'adorais, que nous entretenions une amitié fusionnelle. Mais je n'ai pas pu. J'avais vingt et un ans. Il n'était pas question pour moi d'être homosexuel. J'ai été couard. J'ai préféré renoncer à Jehan. Le moins que l'on puisse dire, c'est qu'il m'en a coûté. Comme c'était dur, très dur, je me suis dit à l'époque que j'avais été courageux, alors que c'était tout le contraire, puisque je m'étais fui moi-même. Je n'ai guère été plus courageux ensuite, puisque j'ai donné à ma part homosexuelle le droit d'exister, mais jamais au grand jour. C'est vrai, il y avait Patricia, les enfants. Mais peut-être ont-ils été en grande partie un prétexte pour me cacher. Certes, j'aime Patricia, mais, quelque part, n'ai-je pas fini par y parvenir pour avoir une bonne raison de ne pas pouvoir aimer vraiment ailleurs, ce sacrifice m'empêchant de l'aimer, elle, d'une manière totale ?

Si je dis aujourd'hui que le sexe n'a pas, ne devrait pas avoir l'importance qu'on lui donne, c'est notamment parce qu'il n'y a jamais eu de sexe entre Jehan et moi. Et pourtant c'est mon premier amour, sans aucun doute possible. Sa main sur mon épaule ou dans mes cheveux, lorsqu'il les ébouriffait dans un geste qu'il voulait neutre mais qui ne l'était pas, me transportait autant que de folles étreintes avec Patrick ou Sylvie.

Ce qui me rend nostalgique de Jehan, c'est notamment qu'en mourant, notre relation a emporté ma jeunesse avec mon innocence. Après, c'était moins pur. C'était moins bien. Après, il y a eu les compromis ; ce que je voulais et que je n'avais pas, ce que j'avais mais que je taisais.

Je reste un homme qui se planque, sans avoir plus rien à planquer désormais. Mais je suis devenu plus modeste. Je ne mets plus de filtre pour voir ma vie en chromo. Je ne me la raconte plus, pour reprendre une expression de jeune. Lorsque j'ai appris par un des frères de Jehan, six ans après notre rupture, qu'il s'était suicidé, j'ai été anéanti. D'autant que, d'après Eudes, une lettre de Jehan précisait qu'il voulait mettre fin à ses jours à la suite de notre séparation. Je me sentais affreusement coupable, mais à cette culpabilité se mélangeait un peu d'orgueil. Avec les années, la douleur avait décru. Restait le haut fait romantique : quelqu'un était mort pour moi. En fait, Jehan n'est pas mort pour moi, tout au plus est-il mort *à cause* de moi, ce qui n'est pas du tout pareil. Et encore, même cela, est-ce bien certain ? C'est ce que m'a dit Eudes, d'accord, mais la vérité est peut-être plus complexe. Peut-être n'ai-je été qu'un rouage dans la chronique d'une mort annoncée.

J'aurais voulu être un personnage de roman. Au mieux, je suis un personnage dont on pourrait faire un roman. Vraiment au mieux. Et on peut faire un roman avec n'importe qui. Le matériau le plus anodin peut être sublimé par le talent d'un auteur.

S'il y a eu du romantisme dans ma vie, ce n'était pas la mort de Jehan ni le rôle que j'ai pu avoir dans cette mort, c'est Jehan lui-même.

Lorsque nous voyagions dans les îles grecques, nous avions passé une nuit dans une auberge sommaire où il n'y avait qu'une douche, prise d'assaut. Jehan avait proposé que nous nous douchions ensemble, pour ne pas faire attendre les autres. C'est l'argument qu'il avait avancé. Nous ne nous étions jamais vus nus. En maillot, plein de fois. Mais nus, jamais. Nous avions joué à nous éclabousser. Moi brun avec, déjà, des poils sur la poitrine. Lui, châtain, blondi par le soleil de la mer Égée, et glabre. Nos rires éclataient. C'étaient encore des rires d'enfants.

Par une petite lucarne, le soleil tombait sur Jehan.

ARMANDE

En juillet 1987, au cours de notre premier séjour à Carrouges, nous étions allés dîner dans une pizzeria. À l'époque, c'était moins banal qu'aujourd'hui. Nous n'étions pas nés avec. Jusque dans les années 1970, c'était encore exotique, ou presque. Même un peu plus tard, il s'agissait encore d'une *vraie* sortie. Nous étions très gais. Déjà, on avait zéro souci. Pas d'enfant en dehors de Blanche, bébé. Christophe et Émilien mettaient au point leur association et ils étaient enthousiastes. Sans doute y avait-il un souffle un peu magique.

Il me reste plein de détails de cette soirée. Il faisait encore grand jour lorsque nous sommes montés tous les quatre dans notre voiture. Nous étions dans les journées les plus longues de l'année. L'air était un peu frais pour la région en cette saison. Ça donnait à la soirée un petit côté Bretagne. Une fois installés, nous avons commandé nos pizzas et une bouteille de Chianti. Avant que les plats n'arrivent, nous faisions ouvrir une seconde bouteille. J'étais à la fois gaie et paisible. Cela semble difficilement compatible. A priori, la gaieté est volubile, mobile, elle n'est pas tranquille. Pourtant, c'est possible. Je me souviens exactement que c'est ce que je ressentais, et je me souviens exactement d'avoir pensé que nous ressentions tous cela. Une symbiose, en fait. Mais une symbiose électrique, à la fois concentrée dans l'instant et ouverte sur l'avenir. On peut sans doute avoir cela en couple, mais il me semble que c'est plus de l'ordre de l'amitié. Cela dit, ça arrive assez rarement. Ce qui arrive souvent, c'est la gaieté factice que l'on affiche à des soirées d'amis mais qu'on n'éprouve pas en profondeur. Une gaieté de commande, en quelque sorte : on est censés passer de bons moments entre amis, eh bien, je fais en sorte de passer un bon moment et d'en faire passer un aux amis en question. Ce soir-là, ce n'était pas nous qui fabriquions notre bonheur : c'était lui qui s'imposait à nous, qui nous nimbait.

Une fois nos pizzas terminées, la serveuse nous a apporté la carte des desserts. Nous l'avons regardée sans enthousiasme. Des salades de fruits en boîte, des glaces industrielles. Les desserts n'ont jamais été le point fort de ce type d'établissement. Christophe a dit : « Je reprendrais bien une pizza, moi ! » Après nous être regardés les uns les autres, nous avons tous éclaté de rire et admis que nous avions encore très faim. Et re-pizzas ! La tête de la serveuse ! Ça ne se faisait pas de prendre un plat après un plat, mais nous nous foutions encore des conventions. Nous nous foutions encore des kilos que nous n'avions pas et qu'on ne prend pas lorsqu'on a vingt ou trente ans.

C'est drôle que je me souvienne de tout ça : avoir mangé deux plats au lieu d'un à vingt-deux ans avec mon mari et nos amis. C'est presque étrange parce que dérisoire, a priori. Mais, en fait, c'était un moment délicieux parce que, humainement, il était parfait. « Que du bonheur ! », comme on dit maintenant à la télé.

Je ne me suis pas rendu compte assez tôt que le bonheur, ce sont les autres. On veut se faire croire que c'est nous qui décidons. Qu'on a tout pour être heureux parce qu'on a tant sur le compte en banque, les fringues qui vont bien et la déco qui va avec. Non, le bonheur, c'est quand on joue la même musique que l'autre, ou que d'autres. C'est ça qui vous transporte, et c'est parce que je ne l'ai pas ressenti si souvent que je me souviens de cette soirée de partage et d'innocence, sans arrière-pensées. Après, j'ai décrété que l'innocence c'était gnangnan. Mais c'était du dépit, en fait.

J'ai regretté toute ma vie un paradis perdu. Un paradis qui était à portée de main, mais qui m'a échappé, sans doute, en grande partie parce que je ne l'avais pas identifié assez clairement pour le retenir et, si nécessaire, le reconstruire.

CATHERINE

Tout à l'heure, je me suis forcée à sortir de chez moi. Depuis l'accident, je me trouve toujours des excuses pour ne pas le faire.

Une fois dehors, j'ai marché un peu au hasard dans mon quartier, celui des Musiciens. Quand j'étais enfant, ma mère me disait : « On dirait que tu ne sais pas quoi faire de ta peau. » C'était tout à fait ça.

En passant devant mon boulanger, j'ai avisé les paris-brest (mon gâteau préféré). Je n'avais pas vraiment faim. Je n'ai plus faim. Depuis l'accident.

Trois minutes plus tard, j'avais englouti le paris-brest. Et j'avais adoré. Ça n'a l'air de rien, mais ça m'a frappée parce qu'il y a une heure encore j'avais l'impression d'être incapable d'adorer quoi que ce soit.

Je me trompais.

Je suis bien vivante.

MARGAUX

Il est déjà vingt heures ou à peu près, et maman peste contre Aubin qui, une fois de plus, est ou va être en retard. Nous sommes avec Renaud à la table de la cuisine en train de couper des bâtonnets de carotte et de céleri pour l'apéritif. Nous faisions parfois cela à Carrouges, je m'en souviens, lorsque j'étais enfant. Ce sont de bons souvenirs. Là-bas, mes parents et les Desforges se mettaient en mode vacances et ça marchait. On peut dire qu'on kiffait tous ces vacances en commun. J'aurais du mal à dire pourquoi. Parfois ça marche, parfois non.

Maman s'est changée. Elle a mis une robe fleurie et elle a lâché ses cheveux. Elle a l'air bien. Pourtant, il y a une heure, nous avons eu toutes les deux un grand moment d'émotion. Je venais d'arriver. Nous étions assises sur le canapé du salon, à débriefer sur l'enterrement, Armande, tout ça. Papa était sorti raccompagner chez lui le copain de Renaud, car sa mère, qui devait venir le chercher, avait eu un empêchement. Renaud est entré et s'est assis en face de nous dans un des petits fauteuils. Il a posé des questions. Il n'avait pas vraiment connu Armande. Les questions portaient plutôt sur les obsèques, car il ignore encore tout de cette cérémonie. Maman répondait, mais je la sentais tendue, évidemment. Lorsque Renaud est sorti du salon, je l'ai suivi du regard, et tout est remonté. Quand j'ai retourné la tête vers ma mère, je ne pouvais plus feindre.

Elle m'a dit : « Tu penses à lui, toi aussi ? »

J'ai été saisie. Maman n'abordait plus jamais le sujet. Pour la seconde fois de la journée, j'ai immédiatement fondu en larmes.

« Oh ! maman chérie ! »

Elle m'a prise dans ses bras, mais elle ne pleurait pas. À ma grande surprise, je l'ai trouvée sereine, et j'ai compris qu'elle avait franchi une étape.

« Cela fait longtemps que Jehan est mort. Nous ne l'oublierons jamais. Mais il est temps de le laisser avec les morts, tu ne crois pas ? »

J'ai perçu l'infime trace d'accent qui lui revient encore lorsqu'elle est émue.

Je suis restée un peu interdite, et elle a poursuivi.

« Je vous ai négligés, toi et Aubin, et même Renaud. J'ai négligé ton père. Jehan était devenu ma priorité. Une absence ne peut pas être une priorité. Il faut que ça change et ça va changer. Cela va bientôt faire dix ans… »

Ce n'est pas l'habitude de maman de s'exprimer ainsi. J'étais presque choquée. Tellement étonnée que mes larmes avaient cessé. Maman a ajouté, presque légère :

« Je vais changer de cap, et vous avec moi. J'ai trop cultivé tout ça. J'ai été conne. »

Je me suis dégagée de ses bras.

« Maman, tu parles comme ça, maintenant ?

– Je parle comme toi, ma petite fille ! »

Nous étions maintenant presque gaies. Je respirais mieux. J'avais aussi l'impression que ma mère respirait tout court, car, depuis longtemps, la tristesse l'étouffait. Je me rends compte qu'elle était constante, dans cette famille, une poussière à peine perceptible qui grisait tout. Là, c'était une averse subite qui lavait cette poussière. Je retrouvais ma mère. Ou, plutôt, je la trouvais.

On a parlé de bagatelles pendant un quart d'heure. De mon travail, surtout. J'avais le sentiment familier qu'on tournait autour du pot, en évitant soigneusement les sujets névralgiques, parce que l'on sait bien que, le plus important, ce n'est pas le travail. Et maman m'a étonnée une fois de plus.

« Tu es bien dans ta vie, Margaux ? »

Je n'avais plus envie de lui mentir. Nous n'en étions plus là.

« Pas très, maman.

– Pourquoi ? »

Jamais ma mère n'avait été aussi directe avec moi.

« Tu as des peines de cœur ?

– On peut dire ça.

– Dis-moi, alors, si tu veux bien. »

Je me suis rendu compte que ça m'avait pesé de ne jamais parler de Simon en famille, de jouer la fille célibataire qui adorait son boulot et sa *life* en général, la fille sans problèmes, alors que toutes mes journées, toutes mes nuits sont bouffées par… par… je ne trouve même pas les mots.

« J'ai quelqu'un depuis un moment déjà, mais… »

J'hésitais à dire qu'il était marié parce que ça signifiait que, derrière tout ça, il y avait une femme comme maman. Tout à coup, pour la première fois peut-être, j'ai pensé à la femme de Simon autrement que pour me dire que j'aurais préféré qu'elle n'existe pas.

« Mais il ne te rend pas heureuse…

– Non, pas vraiment.

– Alors quitte-le. »

C'était dit calmement. Comme une évidence. Mais c'était dit.

Maman a poursuivi.

« Tu sais, quand j'étais jeune, je pensais que j'avais la vie devant moi pour être heureuse. C'est idiot, en réalité. D'abord, on ne sait pas quand elle va s'arrêter, la vie. On l'a tous vu avec Jehan. Et puis, il n'est jamais trop tôt pour être heureux. »

J'osai.

« Tu n'as pas été heureuse, maman, avant la mort de Jehan ? »

J'avais peur de la réponse. Je me rendais compte que, là, c'est moi qui n'avais jamais été aussi directe.

« Pas tout le temps. Pas complètement, mais je me disais que c'était mon lot. »

Elle a dû lire les questions dans mes yeux, car elle a enchaîné un peu trop vite.

« Je ne parle pas de ton père en particulier. Je parle de ma vie en général. J'ai été un peu passive.

– Tu voudrais que je le sois moins.

– Tu l'*es* moins. Déjà, tu es indépendante. Mais quand je t'entends dire que tu n'es pas heureuse avec un garçon, à vingt-trois ans, je crois vraiment qu'il faut arrêter. On ne consolide pas ce qui n'est pas encore construit. Je n'ai pas raison ? »

Je découvrais une autre femme que celle qui arrangeait les bouquets de fleurs pour que tout soit joli. Une autre mère. Et cette mère-là me plaisait bien. Elle me plaisait même beaucoup.

« Peut-être… »

Nous nous sommes levées d'un seul mouvement.

Maintenant, en découpant ces légumes, je me dis que le bonheur est peut-être dans l'action, toute douloureuse qu'elle soit. Il faudrait que j'agisse. Mais en aurai-je le cran ?

Papa entre dans la cuisine et nous regarde en souriant.

« Dites-moi, c'est sérieux, tout ça !

– Appelle donc Aubin », répond maman.

J'ai beau m'en défendre, c'est incroyable ce que l'on dépend des parents, de ce qu'ils ont fait, de ce qu'ils n'ont pas fait, de ce qu'ils nous disent et de ce qu'ils ne nous disent pas. Sentir ma mère désormais plus forte que ce que je supposais me rend moi-même plus forte, alors que, depuis longtemps, je croyais que ma mère, c'était ma mère, et que moi, c'était moi. Dans la journée, je pestais intérieurement contre mon frère et le black-out qu'il entretient sur sa vie privée, mais j'ai peut-être été sévère. Ces dernières années, y avait-il une place, dans cette famille, pour la vie privée d'Aubin ? Ne serait-ce que pour en parler ?

Je cogite laborieusement. Je suis ballottée par des vents contraires et je sens le doute me regagner.

PATRICIA

Tout est calme, maintenant.

Margaux est rentrée chez elle. Avant de partir, elle nous a joué un air de piano. Il y a bien longtemps que cela n'était pas arrivé…

Émilien, Aubin et Renaud sont allés se coucher.

J'avais besoin d'un sas. J'ai dit que je débarrassais. C'est fait. Je médite avec une tisane dans un fauteuil du salon.

C'était une bonne soirée. On a parlé de la journée, d'Armande, mais pas seulement. Avant le dîner, Margaux m'a fait des confidences. Ce qu'elle m'a dit m'inquiète un peu, mais je suis heureuse de cet échange.

J'ai retrouvé le sentiment d'avoir une famille, et une famille assez unie somme toute.

Ce serait peut-être bien d'en profiter, désormais.

ÉMILIEN

Pendant toute la journée, j'ai pensé à lui. Patricia aussi, bien entendu. Comment assister à des obsèques sans penser à la mort, et comment penser à la mort sans penser à la sienne ?

Dans mon lit, couché sur le dos, les yeux grands ouverts dans le noir, le passé me revient par bribes, de façon précise mais incomplète, une fois de plus, une fois encore.

Lorsque c'est arrivé, les jumeaux avaient fêté leur premier anniversaire peu de temps auparavant. On avait entendu parler de la mort subite du nourrisson, mais nous ne savions pas que cela pouvait survenir aussi tardivement. Et c'est pourtant ce qui s'est produit avec notre Jehan. Dans ma tête, je l'appelle aussi le « petit Jehan », pour le distinguer de l'autre, du « grand Jehan ». J'avais proposé ce prénom à Patricia et elle l'avait immédiatement adopté. C'était un peu une impulsion de ma part. Il ne s'est jamais agi pour moi de faire revivre le premier Jehan à travers le second. Sans doute voulais-je pouvoir de nouveau prononcer ce prénom. Cette fois encore, je ne l'ai pas fait bien longtemps.

Nos grands dormaient. J'avais paressé un peu au lit, peut-être une trentaine de minutes après l'heure habituelle. J'ai été frappé par le silence qui m'a accueilli quand je suis entré dans la chambre. D'habitude, nous y trouvions les jumeaux en train de gazouiller. Ni l'un ni l'autre n'était pleurnichards. Ils se réveillaient avant nous, ou bien aux premiers bruits que nous faisions, et babillaient en attendant que nous allions les voir. On trouvait cela bien sympa car, au même âge, Aubin et Margaux pleuraient si on tardait à venir. En passant devant le premier petit lit, j'ai vu Renaud réveillé mais absolument muet. C'est bizarre, mais j'ai compris tout de suite. Je me suis précipité. Dans le second petit lit, Jehan semblait déjà froid.

Après, ça se mélange un peu dans ma tête. Certains détails sont clairs. Des séquences sont brouillées. J'ai manqué de m'évanouir en composant le numéro des secours. Je me suis assis, Jehan dans les bras, sur le petit canapé d'appoint de la chambre. À ce moment-là, j'avais perdu mon calme. Je pleurais, je criais… Pour dire quoi ? Je ne sais plus. Je revois Aubin et Margaux entrer dans la pièce, affolés par le vacarme. La suite est plus confuse. Ils ont emmené Renaud dans la chambre de l'un d'entre eux, mais je ne me souviens plus si c'était avant ou après l'arrivée des secours. L'intervention des pompiers puis celle du Samu se confondent dans ma mémoire. Combien étaient-ils ? Au moins six, me semble-t-il, je ne peux pas être formel. Des hommes (je me rappelle très bien le médecin, son calme apparent), sauf l'infirmière du Samu qui a posé un cathéter. Étais-je continuellement dans la pièce pendant qu'ils tentaient de le réanimer, ou suis-je allé voir nos autres enfants ? Je ne sais plus. Les tentatives pour ramener Jehan à la vie, massage cardiaque, bouche-à-bouche, ont duré un certain temps. Est-ce que c'est vingt minutes, ou trois quarts d'heure ? Impossible de le dire, mais un certain temps. Les volets, fermés au début, étaient ouverts à la fin. Pourtant, le décès était certainement avéré au premier coup d'œil, surtout pour des gens du corps médical. Plus tard, sur les forums, j'ai lu que bien souvent on tentait de réanimer les morts pour la famille, pour que l'on puisse se dire que tout avait été tenté, même l'impossible. D'ailleurs, je me souviens parfaitement de n'avoir véritablement cessé d'espérer que lorsqu'on a emmené le corps de notre fils.

Après quelques atermoiements, j'avais décidé de ne pas appeler Patricia qui revenait de chez Armande ce jour-là. À quoi cela aurait-il servi de lui faire subir un tel choc ailleurs que chez elle ? Pour la même raison, je l'ai attendue chez nous au lieu d'aller la chercher à Orly. Un de mes pires souvenirs est son sourire lorsqu'elle a ouvert la porte de l'appartement derrière laquelle je me tenais et la façon dont il s'est immédiatement effacé lorsqu'elle m'a vu.

Comme je le souhaitais, nous avions pris un nouveau départ avec la naissance des jumeaux. C'était des bébés adorables, incroyablement faciles, très gais. Aubin et Margaux en étaient fous. Ils sortaient du premier âge, rampaient par terre, babillaient déjà lorsque le drame s'est produit. Nous avons été stoppés net dans notre élan.

Christophe a été très bien, une fois de plus. Aux obsèques, il a lu un texte très émouvant qu'il avait écrit. Pendant longtemps, il a tout fait pour me consoler, comme lorsque Patrick m'avait quitté. Mais je n'étais guère consolable. Ça m'a tout de même donné l'occasion de vérifier qu'il ne m'en voulait pas de la tournure platonique que nos relations avaient reprise après la naissance. Malgré tout, la parenthèse enchantée que je venais de vivre avec Patricia (sans doute la plus belle année de notre vie commune) me l'avait fait légèrement oublier. Je l'avais un peu laissé tomber, lui et ses problèmes de divorce. Après, le chagrin a continué son travail de sape. J'ai été un moins bon conjoint que Patricia et un moins bon ami que Christophe. Et pourtant, je les aime. Je peux le dire aujourd'hui, après tout ça.

La mort de Jehan ne m'a pas seulement éloigné de Christophe. Elle m'a mis à distance de Patricia, plus encore que n'avaient pu le faire mes incartades. Elle m'a mis à distance du monde. Le chagrin est un ami qui éclipse les autres – les vrais. Et la mort d'un enfant est une peine particulière, car c'est une perte qui n'a rien à voir avec les autres : elle mutile l'avenir (le nôtre, et celui de l'enfant fauché) bien plus cruellement.

Ce qui isole singulièrement, lorsque l'on perd un enfant, c'est que les proches ne savent pas comment réagir. On se retrouve tous, un jour ou l'autre, confronté à la disparition d'un parent, d'un ami, d'un conjoint. On y a tous droit. On peut tous en parler. On peut tous dire et se dire que c'est naturel. Là, non. Très vite, les gens n'en parlent plus. Ils se disent sans doute qu'on n'a pas envie d'en entendre parler, ce qui n'est pas forcément exact. Mais je crois surtout qu'ils sont gênés, tant l'événement est douloureux et insolite. J'ai un peu échangé sur les forums. Pas très longtemps.

Ce qui peut sembler étrange, c'est que Patricia, Aubin, Margaux et moi avons également assez vite cessé d'évoquer Jehan entre nous. L'explication est cependant du même ordre : nous avions peur de faire de la peine à l'autre, mais, plus encore, nous ne savions pas quoi dire. Nous étions incapables de nommer l'innommable.

Avec Renaud, avant même qu'il sache bien parler, nous avons au contraire verbalisé. Nous savions qu'il fallait le faire. Mais c'était plus facile avec lui, car il était trop petit pour avoir bien connu Jehan, en tout cas de façon raisonnée. Après sa mort, Renaud l'a cherché et appelé pendant quelques jours. Il avait l'air abattu, ce qui ne lui ressemblait pas. Puis, il est redevenu lui-même. Aujourd'hui, il dit qu'il n'a pas de souvenir de son jumeau. Je me réjouis qu'il n'en porte pas le deuil et pour autant, cette forme d'indifférence m'agace un peu. Je voudrais que le monde entier pleure le petit Jehan.

Maintenant, huit ans après, on pourrait reparler de Jehan en famille. Mais je suis persuadé que nous pouvons et que nous allons nous retrouver autrement.

Dans quinze jours, nous serons à Carrouges.

Le petit Jehan sera toujours une lumière qui nous éclaire, et pourtant notre vie continuera sans lui, entre nous les vivants.

PATRICIA

Il est minuit passé et Émilien doit dormir, ainsi qu'Aubin. J'erre dans l'appartement silencieux.

Je n'arrive pas à me résoudre à aller au lit. Je crois que je sais pourquoi : demain sera vraiment un autre jour, Armande n'en sera plus le centre. Alors, j'essaie de la retenir. Ce qui me frappe, d'un coup, c'est que j'ai été un peu égocentrique avec elle. Lorsqu'elle me parlait de sujets intimes ou d'Émilien, je bottais en touche. Je n'avais pas envie de l'entendre m'inviter à l'adultère (ce qu'elle n'aurait sans doute pas fait) sous prétexte que je n'étais pas satisfaite, car, enfin, qui l'est totalement ? Un jour ou l'autre, n'importe quel mariage comporte une part de sacrifice. Il faut simplement qu'il n'y ait pas que cela, et je n'en suis jamais arrivée là avec Émilien. Mais si j'éludais les vraies confidences avec Armande, c'est aussi parce que je ne voulais pas trop en entendre sur elle. Elle s'adaptait à ma psychologie en évitant de me violenter par des intrusions trop frontales. Je ne m'adaptais pas à la sienne. J'aurais dû comprendre qu'elle voulait parler d'elle, et pas seulement me faire parler de moi. Je ne sais pas si Armande s'est jetée volontairement sous cette voiture. Émilien me dit qu'il a brièvement abordé le sujet avec Christophe et que celui-ci n'y croit pas. Il dit qu'Armande n'avait rien d'une suicidaire, ce qui est vrai, mais existe-t-il un profil type ? Ne sommes-nous pas tous des suicidaires en sursis, le plus souvent pris de vitesse par la mort naturelle ? Christophe a dit aussi qu'on ne décide pas de mettre fin à ses jours en s'y prenant de cette manière, car on risque plus de se retrouver dans un fauteuil roulant que dans un cercueil. Ça, c'est assez vrai. Mais la raison intervient-elle toujours lorsqu'on en arrive là ? On ne sait pas. C'est certain qu'il est plus simple pour tout le monde, et d'abord pour Christophe, d'exclure le suicide ou ce qui lui ressemble. Ce qui est tout aussi certain, c'est qu'Armande n'était pas bien. Je me suis souvent contentée de constater qu'elle était parfois grinçante avec Christophe, qu'elle le trompait, sans chercher d'explications. Il y en avait forcément. Cela n'arrive pas par hasard. Et puis, lorsqu'elle s'est installée à Nice, on se voyait de temps en temps certes, mais là encore je me contentais de ce qu'elle me disait. Je n'avais pas envie d'aller plus loin. Je me comportais avec Armande comme on le fait parfois avec un proche qui se meurt d'un cancer, et avec lequel on parle superficiellement comme si de rien n'était, en escamotant l'essentiel. La discrétion, la pudeur ont bon dos : elles servent de couverture à notre égoïsme.

Depuis tout à l'heure, j'ai le sentiment de chercher quelque chose, mais je ne sais pas quoi, sur Armande, peut-être sur moi aussi – sur nous. J'ai l'impression de n'avoir observé Armande que d'un œil et, au-delà, d'avoir vécu jusqu'à maintenant avec un seul œil.

Tiens, par exemple, le bureau d'appoint qu'Émilien a ici, dont je viens d'ouvrir la porte, je n'y entre jamais, sous prétexte qu'il n'y a rien à y voir. Mais n'est-ce pas encore un comportement de borgne ? Émilien est mon mari, et il n'est pas seulement dans la cuisine, le salon ou la salle de bains. Il est aussi dans ce bureau. Je devrais m'y intéresser. Il a raison de dire que je ne me sens pas assez concernée par ce qu'il fait.

D'ailleurs, cette pièce, avec son désordre ambiant, en dit plus sur Émilien que les autres, ou même que son bureau à La Boétie. Ici, c'est vraiment lui. C'est drôle, j'ai le cœur qui bat de n'y avoir jamais pensé. À côté de sa lampe, il y a une photo de moi. Ce n'est pas une vieille photo. C'est moi maintenant. C'est donc à moi maintenant qu'il s'intéresse, et pas au souvenir de moi dans l'avion pour Nice, ou avec les enfants dans les bras. Je devrais méditer là-dessus.

Et puis, sous cette lampe qui doit être bancale, il a glissé une enveloppe. J'ai toujours vu cette vieille lampe ici. Et pourtant, elle n'est pas jolie. Émilien l'avait déjà lorsqu'il était étudiant. C'est tout lui, et son côté sentimental. Bien, je ne vais pas lui faire le coup de la jeter : je vais l'installer sur son guéridon et lui faire la surprise de mettre sur son bureau la jolie petite lampe déco que j'ai achetée il y a un an et qui est restée dans sa boîte. Faute de place, me disais-je. En fait, elle en avait une toute trouvée. Mais je ne l'avais pas vue.

Quant à cette enveloppe turquoise, ça tombe bien. Je cherchais une belle enveloppe pour envoyer à maman sa carte d'anniversaire.

ARMANDE

Tout le monde s'interroge certainement à propos de la rencontre entre la Land Rover et moi, dans une avenue en dehors de mon quartier : ai-je provoqué cette situation ou pas ? Je ne vous dirai rien là-dessus non plus. D'ailleurs qui suis-je pour en parler ? Peut-être ne le sais-je pas moi-même. Ce rendez-vous avec la Land Rover avait un sens. Il fait figure d'acmé et de dénouement souhaitable dans une vie qui n'avait plus vraiment de motif, si tant est qu'elle en ait eu avant. Chacun jugera l'itinéraire que j'ai rapporté jusqu'ici. Sans tomber dans l'autodénigrement, je n'espère pas que l'on puisse y trouver de quoi être fier, qui soit méritoire. L'image que j'ai de moi est celle d'une créature emportée par les tumultes d'un torrent trop rapide, qui est parvenue tant bien que mal à éviter les plus gros rochers pouvant la briser, à saisir au bon moment une branche à laquelle s'accrocher, sans être jamais parvenue à décider de sa trajectoire. Cependant, tant que j'ai vécu avec Christophe, j'étais tout de même bien occupée : il y avait les filles, les mondanités, les vacances, sans parler de mes écarts de conduite. Après mon divorce, il y a eu l'installation à Nice, Cédric… Blanche et Lucie vivaient encore avec moi. Pendant cette période, la mort de Jehan m'a bouleversée.

Pour la première fois, la culpabilité entrait dans ma vie. Avant, je n'étais pas heureuse, mais je pouvais me dire que ce n'était pas ma faute : ce n'était pas moi qui avais commencé. Là, c'était différent : si Patricia avait été chez elle, peut-être se serait-elle levée, prévenant le pire. Peut-être, mais probablement pas, car les bébés faisaient leurs nuits et leur mère n'avait pas pour habitude d'aller les voir pendant leur sommeil. En vérité, si j'ai convoqué cette ombre dans ma tête, c'était pour obscurcir encore davantage le panorama qui s'annonçait : je ne le voulais pas seulement gris, mais noir. J'accueillais la culpabilité à bras ouverts, comme le peintre ajoute une touche finale à son tableau pour qu'il prenne tout son sens. Cette culpabilité était un peu comme un accroc qu'une coquette aperçoit sur sa robe pendant une soirée de gala : personne ne le voit sauf elle, mais elle ne peut pas en faire abstraction et il lui gâche la soirée.

J'appelais souvent Patricia. Je suis venue plusieurs fois la voir à Paris. Puis… une forme de désert. Les filles étaient parties. Plus personne n'avait besoin de moi. J'ai mis du temps pour m'en apercevoir. Je suis restée deux ans sur Meetic, avec une interruption de quelques mois. Au début, c'était fun. Toutes ces photos de mecs, pas mal pour certains… J'avais l'impression d'avoir l'embarras du choix. C'était une illusion. J'aimerais pouvoir dire que je n'ai pas trouvé quelqu'un qui me convenait, et peut-être y a-t-il de cela. Mais, le plus souvent, j'étais celle dont on ne voulait pas, ou plus, après une ou deux nuits partagées : trop vieille, plus assez jolie, ou pas assez intéressante pour compenser ça. Je n'ai pas voulu faire partie des gens qui font de Meetic un cadre de vie et accumulent les rencontres par dizaines. De toute façon, je n'aurais pas eu assez de persévérance. Un été, j'ai fait une croisière en Norvège avec Danièle. Je ne me suis pas plue dans le rôle de la célibataire un peu tapée en vacances avec une copine. Un autre été, je suis partie en Grèce au Club Med. Je ne me suis pas aimée en femme seule qui a l'air de chercher l'aventure, et qui sans doute la cherche vraiment, sans aucun résultat. Le mariage des filles ? La naissance de mes petits-fils ? D'accord, j'étais contente, mais à distance. Tout cela s'est passé à Paris. Certes, on m'y a associée. Mais ce n'était plus ma vie. J'avais joué à l'épouse et à la mère de famille pendant vingt ans. Je n'avais pas envie de rempiler en jeune mamie gâteau.

Devant moi, qu'y avait-il ? J'avais peur. Combien d'êtres humains vivent ou survivent avec ce genre de peur ? Beaucoup, certainement. Je n'ai pas eu à le gérer trop longtemps : la Land Rover a réglé la question.

AUBIN

Je suis vraiment chez moi dans le Sud. Je me le disais avant-hier à l'enterrement d'Armande, hier dans le train, et aujourd'hui en me réveillant à Grasse, ou plutôt en étant réveillé par le soleil de ce samedi.

Chez soi, ce n'est pas toujours là où on a grandi. C'est peut-être d'abord là où on est heureux. Je suis soulagé d'être revenu, même si j'ai passé une bonne soirée avec les parents, Margaux et Renaud. Je ne serai jamais tout à fait moi-même en famille. Moi, c'est ailleurs. Pas là-bas. Ici, sans doute. Je suis trop différent d'eux. Cela me chagrine un peu, mais pas tant que ça. J'ai la sensation d'avoir trouvé ma route.

Ma route, pour le moment, c'est la Croisette à Cannes. J'ai peu de chances de revoir Balthazar aujourd'hui ! D'autant qu'il bosse souvent le samedi, si je me souviens bien. Mais bon, qui sait ? J'y suis. Histoire de donner toutes ses chances à un destin heureux. Et j'y retournerai un lundi. Je reconnais ici le romantique que je suis. Si ça ne marche pas, je suis encore capable de téléphoner dans tous les hôtels de Cannes pour retrouver le sien, dont il ne m'avait pas donné le nom. Je suis étonné de ne pas y avoir pensé plus tôt. Si, j'y avais pensé. Mais je n'avais pas osé. Je repoussais cette perspective au lendemain.

Ce n'est plus du tout l'ambiance d'il y a deux mois. Ce n'est plus du tout l'ambiance de Paris il y a deux jours. C'est le plein été.

Je marche, je marche. Je vois bien que je veux croire à une nouvelle rencontre avec mon Balthazar. Je suis ici pour ça. Je suis clairement en mode *I love you.* Pourtant, je ne le connais pas.

Le port Pierre-Canto n'a plus rien à voir non plus avec celui du mois de mai. Dans les massifs qui bordent la mer, les tulipes ont cédé la place aux bégonias. Les garçons sont en short, avec ou sans t-shirt. Les filles ont des débardeurs ou de petites robes. Je me sens comme lavé de mes pensées tristes.

Armande portait souvent des couleurs vives. L'été de mes quinze ans, à Carrouges, le dernier été avec elle, je l'avais observée de loin. Elle avait une robe orange que le vent agitait. Elle se tenait dans l'embrasure de la porte. Elle était statique, pensive, ce qui ne lui ressemblait pas : je l'avais toujours vue en mouvement. Il m'avait semblé qu'elle avait les larmes aux yeux. Mais sans doute était-ce mon imagination, car elle était trop loin pour que je puisse voir cela.

Il est là !

Sur le muret qui borde notre plage. Dos à la mer. En train d'écouter de la musique sur son iPod, je crois. Il est à trente ou quarante mètres. C'est bien lui. C'est un miracle ou un hasard ? Au diable le hasard ! Oui, c'est un miracle.

Avant de rejoindre Balthazar, je veux savourer ce moment de bonheur pur, de bonheur fou, ce moment où tous les possibles s'ouvrent à moi en fanfare. Dans un instant, lorsque je reprendrai ma marche, il sera déjà derrière moi.

DU MÊME AUTEUR

Émilien ou le souci de définition, éditions Odin, 2007.
Journal ambigu d'un cadre supérieur, éditions Monsieur Toussaint Louverture, 2012.

CET OUVRAGE
A ÉTÉ TRANSCODÉ
ET ACHEVÉ D'IMPRIMER
PAR L'IMPRIMERIE FLOCH
À MAYENNE EN MAI 2017

N° d'impression : 90883
Dépôt légal : août 2017
Imprimé en France